国学の「日本」

その自国意識と自国語意識

樋口達郎 著

北樹出版

目次

国学の「日本」

――その自国意識と自国語意識――

序章　「自国」への問い――その射程と方向性――

本書は、国学思想に於ける自国意識の体系を明らかにすることを試みるものである。とはいえ、「自国」とは如何なるものなのか、という命題については、日本に於いても古来幾度となく問われてきたものであり、その意味では、国学もまた、そうした諸々の「自国」を巡る言説の内の一つに過ぎないともいえる。したがって、論を展開するにあたっては、まずもって「何故にここで国学を殊更に取り上げるのか」という点について言及しなければならないだろう。そこで、以下にいくつかの比較例を示しながら、本書がその考究に於いて目途するところについて述べてみたい。

たとえば、我が国のありさまを規定すべく生み出された観念として有名なものに「神国思想」がある。末法思想の流行に伴い、自国を粟散辺土の地と見做すようになった平安末から鎌倉初期の日本に於いて、さような自虐的観念の超克を企図して要請されたとされる「神国」という観念(1)は、今日に於いてもなお、我々日本人の内に広く知られた――それが肯定的か否定的かという別はともかくとして――ものといえるだろう。だが、自国の特質を「神の国」という点に見出す、この「神国」なる認識の内実を巡る言説を見るとき、我々はそこに外来思想との強い癒着のあることを知るのである。

「神国」日本について言及した書として、多く引き合いに出される北畠親房の『神皇正統記』には、次のような記述がある。

我國は神國なれば、天照大神の御計にまかせられたるにや。されど其中に御あやまりあれば、暦數もひさしからず。又つゐには正路にかへれど、一旦もしづませ給ためしもあり。これはみなみづからなさせ給御とがなり。冥助のむなしきにはあらず。佛も衆生をみちびきつくし、神も萬姓をすなをならしめむとこそし給へど、衆生の果報しなじなに、うくる所の性おなじからず。十善の戒力にて天子とはなり給へども、代々の御行迹、善惡又まちまちなり。(2)

傍点を附した箇所からも明らかなように、『神皇正統記』の中で語られている「神國」のありかたは、仏教や儒学の思想を念頭に置いてのものである。引用は右掲の一節に留めるが、その内容を一見するに、かような見立てについては、これに疑念を差し挟む余地はないものと考える。

また、今一つの例として、水戸学を挙げてみよう。開国の是非を巡って盛んになった尊皇攘夷思想の理論的根拠を用意する役割を担うとともに、幕末の志士らの間に「国体」という言葉を膾炙せしめたこの思潮は、そこに打ち出されている国家観、すなわち「皇国史観」という点に於いて、それと同様の志向性を有するものとして国学、わけても宣長国学がしばしば引き合いに出される。(3)ところが、蓋を開けてみれば、学問としての両者の違いは瞭然としている。水戸学の言説を代表するものとしては、会沢正志斎の『新論』が著名であるが、そこに於いて為されている忠孝に基づく国のありかたや、事天祀先といった観念への言及、あるいはその論脈の端々に見える中国古典諸書の博引からも明らかなように、その論述の基調となっているのは、紛れもなく儒学である。[4]他方、国学は周知の如く、その思想形成に於いて、峻厳に儒学を排除する姿勢を採るものであった。

前置きが少々迂遠に過ぎるようにも思うので、この辺りで前述の「何故国学か」という点に立ち返ることにしたい。ここに到って今更ではあるが、前掲のような例に於ける「自国」意識と国学のそれとは、その構築に際しての立論の起点が大きく異なっている。すなわち、前者が外来思想との混淆を問題としない、あるいは基本的にそれに依拠する視座から展開されたものであるのに対して、後者はその影響を極力排し、日本固有の文化をその典拠として「自国」を規定しようとする試みであったといえる。

而して、このような理念に基づいて自国意識の闡明を企図したものとしては、管窺の及ぶ限り二例が認められる。一つは、柿本人麻呂や山上憶良といった萬葉の歌人がその作歌の上に滲ませた、「自国」ならびに「自国語」への矜持を契機として発出した「やまとうた」の復権運動であり、もう一つはいうまでもなく、先に挙げた国学である。ただし、その理念が同根であるとしても、両者の立ち位置は必ずしも同一ではない。なぜならば、人麻呂や憶良がまさしくそうした日本固有の文化の担い手であったのに対し、国学者らはその担い手によって編まれた文化を研究する立場である以上は、原則としてどこまでも観察者の域を出ないからである。このことは、伝統文化への参与という観点からすれば、国学はあくまでも二次的なものに過ぎないという判断を導くものかもしれない。だが、かかる観察者の立場であったからこそ到達し得た立場というものも、あるいは存在するのではなかろうか。

丸山眞男は、日本に於ける思想の継起ということに関して、以下のような見解を披露している。

> 新たなもの、本来異質的なものまでが過去との十全な対決なしにつぎつぎと摂取されるから、新たなものの勝利はおどろくほどに早い。過去は過去として自覚的に現在と向きあわずに、傍におしやられ、あるいは下に沈降して意識から消え「忘却」されるので、それは時あって突如として「思い出」として噴出する。
>
> ――中略――
>
> 日本社会あるいは個人の内面生活における「伝統」への思想的復帰は、いってみれば、人間がびっくりした時に長く使用していない国訛りが急に口から飛び出すような形でしばしば行われる。(5)

こうした丸山の言に従うとすれば、日本思想に於いて国学とは、儒学全盛の時期にあって、つと口を衝いて発せられた「国訛り」の一つに過ぎぬものであったかも知れない。されども、「過去との十全な対決」という点についていえば、国学は、それ以前に発せられた「国訛り」――たとえば神国思想や垂加神道、儒家神道など――よりも徹底してこれを遂行したといえるのではないか。そして、その「対決」にあたって国学者が用いた手法、すなわち、契沖以来の緻密な文献考証に基づく一連の古典研究(6)は、彼らが観察者の立場であったがゆえに成し得たものではないだろうか。このように考えるとき、国学を取り上げその思想を追跡することは、日本思想の研究に於いて、少なからぬ意義を持つものと思われるのである。

題目に「国学」と銘打っている以上、本来であればその全体に通じるのが最善であろうが、それは紙幅もさることながら、何よりも自身の能力の許すところではない。よって本書では、主に賀茂真淵と本居宣長の思想に焦点をあてて考察を進めていくこととする。無論、この両名だけでは十全といえないことは承知しているが、たとえば、国学の発生について、それを契沖に認めるのか、あるいは荷田春満に認めるのかという議論が生じることはあっても、真淵に於いて国学思想がその体裁を為し、宣長がそれを大成せしめたという見解に関しては、諸先学一致して大いに肯うところであろう。したがって、枝葉末節その隅々にまで目を遣ることは不可能としても、真淵と宣長の言説を追うことによって、国学思想の要諦に接近することは十分可能であるものと考える。

また、本書に於ける研究の方向性を規定する要素として、「自国語意識」という問題関心がある。先にも述べたように、本書は国学思想の内に展開される「自国」への認識が如何なるものであったか、という点についての考究を基軸とするものである。而して、その「自国」の本来的なありかたを模索した国学者らのまなざしは、萬葉集や古事記といった我が国の古典に注がれたのであるが、このことは同時に、彼らのまなざしがこれらの古典を構成する「自国語」に対して差し向けられたことをも意味している。すなわち、彼らにとって、古典から汲み取るべき「自国」と、その古典を読み解く寄る辺となる「自国語」とは密接不可分の関係にあり、ある意味では等質であったといってもよい。

しかるに、従来の国学研究の多くは、両者にそこまで緊密な連絡を認めていなかったように見受けられる。勿論、国学者の言語観については多くの言及が為されている。だが、それらの大勢は、たとえば「漢意」排除の一環として古語を明らめるべきであると考えたとか、あるいは古事記の本来の内容、すなわち「古義」を知るにあたって重要であったとかいうように、国学の構造的理解の枠組みの内に消化してしまうような扱い方であったように思われる。しかしながら、真淵や宣長の国学思想に於いて、またあるいは彼らに対して少なからぬ影響を与えた契沖の言説に於いても、「自国語」の存在は無視し難い重要性を有していたものであったと見なければならぬ。「自国語」に対する彼らの認識が如何なるものであったかという点については、後に一章を設けて考察を加えるのでここで詳細を述べることはしないが、殊に宣長に於いては、自国語の存在はもはやその思想形成に際して欠くべからざる一大要素であったといっても過言ではない。すなわち、上代日本に於いて日本語に宿る霊妙な威力として観念され、『萬葉集』に初めてその名の出来を見た「言霊」なる概念が、それからしばしの時を経て、国学に於ける萬葉歌の研究を通じ、彼らによって再び強く意識されることになったのであり、かかる「言霊」の力への信服はやがて、『古事記』の記述を事実として捉えようとする宣長の思想的態度を導く、その根拠としての一翼を担うに到ったものと考えられるのである。このことや、あるいは先に述べた「自国」との関係性も含み合わせて考えれば、「自国語意識」というトピックが本書の研究に於いて如何に重要な位置付けを与えられねばならぬものであるかが諒解されよう。自身の力量でもって、果たしてこの問題の本質にどこまで迫ることができているかは定かではないが、国学の自国意識という本書の主題についての考究を少しでも充実した、深みのあるものにするためにも、この点を巡る考察は出来得る限りの注意を払って進めていきたい。

以上、非常に簡素ではあるが、本書の企図するところ、ならびにその考察のおおまかな方向性を呈示した。ここに掲げた国学と自国意識という論題は、それ自体についていえば、さして目新しいものであるとはいえない。それどころか、あるいはむしろ手垢のついたテーマであるとすらいうべきものであるかもしれない。しかしながら、従来の研究に於いてはそこまで積極的に関連させて論じられることのなかった「自国語意識」という視座を持ち込むことによって、あるいはそこに僅かばかりの独自性を確保することができるものであると信じつつ、以下第一章より順次考察を進めていくことにする。

とはいえ、その冒頭から出し抜けに「自国意識」や、あるいは「自国語意識」について考え始めることは、おそらく得策ではないだろう。真淵や宣長が国学というかたちで自己の思想を標榜し、その思索を深めていったその背景には、当然の如く何らかの理念や動機が存していたはずであるし、それらはまた、国学の発生から大成に到るまでの思想的展開・推移の過程とも深く結び合うものであるだろう。ゆえに、差し当たって本書は、国学なる思想潮流がどのような時代背景のもとに、如何なる思想傾向を伴って勃興したかという点について確認するところから出発したい。而して、かかる考察の途にあっては必然的に、誕生以来国学が一貫してその攻撃の矛先を専らに向けたところの、当代日本思想界の主潮であった「儒学」の存在へと向き合わざるを得ないだろう。したがって、第一章ではまずそのあたりの状況を俯瞰することから論を始めていこうと思う。

（1）一般的に、この「神国」という観念は、仏教思想に基づいて醸成された劣等意識とその払拭とに端を発し、文永・弘安の役という二度にわたる異国からの侵略行為を契機として本格的に台頭したものとされているが、かような「神国」思想成立に関する通説については、異論も決して少なくはない。しかしながら、本書の論脈に於いて重要なのは、それがどのような思想に基づいて構築されているかということである。したがって、その成立過程については通説に倣い、ここでは敢えて問題とはしない。

（2）岩佐正校注『神皇正統記』岩波書店、一九七五、一二頁。

（3）こうした傾向は、水戸学が興隆した江戸末期に於いて、既に看取することができる。たとえば、吉田松陰は宣長国学と水戸学とを比較し、両者について「頗る不同あれども」と前置きしつつも、「尊攘の二字はいづれも同じ」と述べ、思想の本質については同様であるという理解に立っている。

（4）このことは、吉田松陰の『講孟劄記』（後に『講孟余話』と改題）に批判を加えた長州藩の儒者山県太華の言からもわかる。山県は、一君万民を説く松陰の思想背景に水戸学の存在を看取して、松陰を「水府の学を信ずる者」といい、その「水府の学」について「世に皇国学などとも称し、元来国学者流より出でて、儒学を混合したることと見えたり」と評している。なお、水戸学に於ける儒学の影響については、今井宇三郎「水戸学における儒教の受容」（『日本思想大系　五三　水戸学』所収、岩波書店、一九七三、五二五～五五五頁）ならびに尾藤正英「水戸学の特質」（同、五五六～五八二頁）に詳しい。

（5）丸山眞男『日本の思想』岩波書店、一九六一、一二頁。

（6）国学思想史の全体を通していえば、そこに連なる国学者らが、皆一様にしてかかる学問態度を堅持したと言い切ることは難しい。しかしながら、少なくとも国学の発生を担った契沖から賀茂真淵を経て、宣長に到るまでは、このような評価を与えるに瑕疵はないものと思われる。

第一章　儒学から国学へ

序

本章はまず、そもそも国学という思想潮流は如何にして日本思想史上に現れたのか、という点について論ずるところから始めていきたいと思うのであるが、この問いを考究するにあたって、決して等閑に附すことが許されないものとして、儒学の存在がある。

国学が、その思想傾向に於ける大きな特徴として、強固な自国優位主義の宣揚や、外来思想、わけても儒学に対する徹底的な排撃姿勢を有していることは、広く周知されているところである。ゆえに、先学の多くはこうした国学の特質―就中後者に於けるそれ―を踏まえ、たとえば方法論としての「古文辞学」の援用といった、極々限定的な範囲に於いて儒学と国学との連続性を認めはするものの、大局としての両者の関係性については、あくまでも「否定」ないしは「対立」といった言辞でもってこれを把捉しようとする。たしかに、国学を定立した賀茂真淵からして、その主著『五意』の一つであり、且つまたその中でも彼の国学的言説が一際瞭然と闡明されている『国意』が、荻生徂徠の門下である蘐園学派の儒者太宰春台が物した『辨道書』に対するポレミークとしての性質を多分に有していることや、あるいは『直毘霊』に代表されるような本居宣長による苛烈な儒学批判などを勘案すれば、かかる国学という思想が儒学の否定の上に成り立っていたことは、一面の真実として揺るがし難い妥当性を有している。たとえば丸山眞男が、国学の出現を「あたかもそれ（＝儒学）に入替つて思想界におけるヘゲモニーを要求しつつ、儒教排撃の烽火をあげた」[1]と分析したのは、まさしくそうした儒学と国学との否定的連関に軸足を据えてのものであったといえよう。

だが、儒学と国学との関係とは、果たして当代思想界に於ける覇権を巡る角逐という側面に留まるものだったのであろうか。国学思想とは、徂徠の出現によって隆盛を極めた儒学という学問思潮に対する、単なるアンチテーゼとして登場したに過ぎなかったのか。その答えはおそらく否である。なぜならば、一見して全く相容れようはずもない儒学と国学とは、「自国」という概念を巡る問題意識という視座に立ってこれを眺めたとき、確たる連続性[2]をもって繫がっていたものと考えられるからである。

無論、ここにいうところの連続性とは、先に述べたような古文辞学を介した徂徠学との交渉を指すものではない。それどころか、本章に於ける連続性の観点からすれば、徂徠学と国学との間にこそ、拭い難い断絶があるといってもよい。すなわち、儒者らの内部に萌芽した「自国」という意識が、儒学との否定的連関のもとに成立しているところの国学に於いて具象し、国学的言説の内に浮揚してくるという継承的牽連もまた、儒学と国学との間に存していたというのが本書の見立てであり、以下本章に為した考察によって論証を企図せし点なのである。

一　江戸時代における儒学の滲透と思想的「華夷秩序」

我が国に於いて儒学が移入されたのはいつ頃であろうか。試みに始源を遡ってみると、その歴史は存外に長いものであることがわかる。日本へと儒学が渡来した時期については諸説あるため、必ずしもそこに断定を与えることはできないが、たとえば、『古事記』中つ巻の「応神」の段には、

又、百済国に、「若し賢しき人有ら者貢上れ。」と科せ賜ひき。故、命を受けて貢上れる人、名は和迩吉師。即ち論語十巻・千字文一巻、幷せて十一巻、是の人に付けて貢進りき。〈此の和尓吉師者、文首等が祖そ。〉[3]

との記述があり、また、『日本書紀』巻第十の中の応神紀十五年から十六年の段にも、

是に、天皇、阿直岐に問ひて曰はく、「如し汝に勝れる博士、亦有りや」とのたまふ。対へて曰さく、「王仁といふ者有り。是秀れたり」とまうす。時に上毛野君の祖、荒田別・巫別を百済に遣して、仍りて王仁を徴さしむ。其れ阿直岐は、阿直岐史の始祖なり。十六年の春二月に、王仁来り。則ち太子菟道稚郎子、師としたまふ。諸の典籍を王仁に習ひたまふ。通り達らずといふこと莫し。所謂王仁は、是書首等の始祖なり。[4]

という記録が残されている。このことから、日本に於ける儒学渡来の初発は、この「王仁（和迩吉師）」という人

物が、我が国に論語と千字文とを齎したとされる応神十六年、すなわち西暦四〇五年であるというのが、今日に於ける通説とされている。ところが、この大陸由来の外来思想である儒学が、我が国に於いて興隆を極めるには、その移入から下ること約千二百年後の、江戸時代を待たねばならなかった。何ゆえ儒学は、江戸時代にあって盛んに日本社会に受容されるようになったのであろうか。

　徳川家による天下統一の直前期にあたる戦国末期に於いて、戦国大名らの頭を悩ませていたのは宗教であった。神仏への信仰のもとに堅固に団結し、支配者側への激しい抵抗を見せる宗教団体に対し、戦国大名たちは、時に苛烈な暴力を伴う弾圧をも厭わなかった。現に、後に戦国の覇者となった徳川家康も、自身の所領であった三河に於いてたびたび勃発する一向一揆に苦しめられていたことが知られている。また、武を用いて覇を競うこの時代に於いて、支配者側にとって何より重要であったのは、「君」に対する「臣」の強固な忠誠、すなわち「忠義」であり、またあるいは、武力によって屈服させた相手の、自身に対する絶対的な恭順であったが、人の世を超越した存在に対する強い信仰は、そうした現世に於ける仮初めの上下関係を揺るがせにする危険性を孕むものである。己の覇道の決定的な障碍となり得る要素を内在する「宗教」という存在を、戦国大名たちが危険視したのは、蓋し当然のなりゆきであったといえるだろう。だが、かような思潮のもとに天下を統べた徳川家には、後にある問題が浮上することとなる。それは、前述したような戦国大名の宗教への対決姿勢に由縁する、思想的根拠の不在という事態であった。

　天下を統一し、実権を掌握したとはいえ、それは結局のところ武力によって他者に服従を強制する類のものであり、したがって、徳川家による統治は、何らの思想的根拠も有してはいなかった。極言してしまえば、徳川家は圧倒的な暴力によって権力を築いただけの、謂わば「成り上がり」に過ぎなかったわけである。しかも、そうした徳川家のありかたは、それそのものが即座に、武断政権に対する武力的転覆行為を容認する理論へと転換され得る。ところが、その「成り上がり」の途上で峻厳な弾圧を執行したがゆえに、徳川家、延いてはその臣下として各地を支配した武家たちは、自身の支配の正当性についての根拠を、宗教を筆頭とする特定の思想的背景に求めることが難しくなってしまったのである。

　ではどうすればよいか。当初この問題に対して、支配者層は、引き続き圧倒的な武力を誇示することによって、被支配者側に畏怖の念を惹起させるという方策を採用した。まさしく、江戸中期の儒学者堀景山が、その主著『不尽言』に於いて、

> 武家はその武力を以て天下を取得たるものなれば、ひたすらに武威を張り耀やかし、下民をおどし、推しつけへしつけ帰服させて、国家を治むるにも、只もの威光と格式との両つを恃みとして政をしたるものなれば、只もの威を大事にかける事ゆへ、自然とその風に移りたるもの也。
>
> —中略—
>
> かの武威に人を懼れ服して治り来れるを見て、日本は武にて治りたる国也と心得て、武国といひ、いよ〳〵武威を自負する事になりぬ。[5]

と述べたような為政の形式が、江戸期を通じて執り行われたのである。しかし、この統治体系は、いかんせん「武力による威光」というあまりにも脆く、また危ういものに依っている。したがって、そこには同じく堀景山が前掲書の内に、

威光のみを恃みとして国家を治るは、譬ていはゞ間をしたる酒などの如く、酒は元来冷たる物に、当分の火気を借て煖めたるものなれば、火気のある内ばかりは煖かなれども、少しにても火気の威光がさむれば、そのまゝひへて水となる也。あぶなきもの也。(6)

といい、あるいはさらにそこに加えて、

只むきに武威ばかりを恃みとし、無理やりに推つけ、人を勢を以て服させたるは、なるほど一旦は人の服するものなれども、少にてもその威光が落れば、そのまゝに人心はなれ、天下が乱るゝはずの事也。(7)

と指摘する類(8)の危険が常に付き纏うことになる。ゆえに、彼らは自らの「威光」の維持に心血を注ぎ、その結果として、徳川家が自身の「威光」をもって配下の列藩を服従させ、また列藩は徳川の「威光」のもとに保証された、各々の「威光」によって平民を平伏させるという、逓次的な支配構造が成立することになる。かような目論見は十全に機能を果たし、かくして江戸には、俗にいうところの「泰平の世」が現出したのであった。

だが、かかる方策が、早晩決定的な矛盾に逢着することは自明ではないか。なぜならば、静謐たる平和のもとにあっては、武力を基調とする「威光」は、その武力を差し向ける対象が存在しない以上、その示威の機会を喪失してしまうからである。ひとたびそうなってしまえば、たとえどれだけそれを維持すべく腐心したところで、「泰平の世」の継続に伴って、「威光」がその効力を徐々に減衰させてゆくのは当然である。而して、さような武威一辺倒の方針の行き詰まりは、自身の正当性を担保するための何らかの理論を、支配側に対して要請することになったはずである。思うに、このことこそが、江戸期に於ける儒学受容の呼び水であり、延いては後に儒学をして「御用学」の地位へと躍進せしめた契機だったのではないだろうか。

たしかに、丸山眞男が分析するように、徳川封建社会の社会的・政治的構成が、儒学の思想的前提である中国に於けるそれと類型上対比し得たため、儒学の理論が日本史上に於いて最も適用され易い状態にあったことや、鎌倉時代に禅僧によって齎されて以来、禅宗の教義の内に包摂され、所謂「儒釈不二」の状態となっていた宋明理学を、藤原惺窩や、その弟子である林羅山が、「仏教への一方的依存から独立せしめ」たことによって、「儒教がそれ以前の儒教に対して思想的に革新され」たことが、儒学興隆の条件として江戸期の日本社会に存していたと考えることは、必ずしも的外れなことではないだろうが、それはあくまでも儒学滲透の「条件」に過ぎぬものであり、その「必然性」を導出するものではない。[9]

また、開幕後の慶長十二年（一六〇七）に、家康が林羅山を幕府の政治顧問に遇したという事実をもって、江戸幕府は、初代家康の時点で既に儒学を政策方針の中座に据えようとしていたとする見方も、あるいは可能であるかもしれない。しかしながら、家康と羅山との間に取り交わされた学問談義を記録した問答録を見る限り、儒学に対する家康の興味は専ら、それが放伐行為を是認する論調を有しているという点に注がれていたものと思われる。こうした家康の姿勢からは、儒学をもってその政道の要とするような、「積極性」を看取することは難しい。さらに、そこに大義名分さえ存在すれば武力による権力の簒奪が正当化されるという点で、放伐容認論は、それそのまま他者による「打倒徳川」を肯定する理屈へと容易に転じ得る性質を有している。ゆえに、かような危険思想をその内に包含する儒学を、徳川家が諸手を挙げて受け入れ、あまつさえそれを施策の中心に据えようという積極性を働かせたとは考え難い。したがって、江戸時代に於ける儒学の摂取は、少なくともその当初にあっては、先述したよう[10][11][12]

な尚武主義の限界という事態を契機として要請されるという、ややもすれば消極的傾向を帯びたものであったと捉えるべきではないだろうか。[13]

ともかくも、こうして儒学は江戸の世に於いて日の目を見ることになり、漸次その発展を遂げると共に、類型的に中国と近似性を有する社会構造という「地の利」を得て、当代日本に――表面上に於いてではあるが――一定の適応性を発揮したかに見える。しかしながら、いみじくも丸山が、

儒教のごとくその思想を生んだ社会の特殊的な条件に深く滲透されてゐる思想は、それが普遍化されて異なつた国土・異なつた歴史的＝社会的構成に於て適用される場合には著しい抽象化を蒙り、極端な場合にはただ言葉だけの共通性が存するにとどまる様なこととなる。[14]

と指摘しているように、それは真に日本社会へ馴化したとはいえない状態にあった。ゆえに、日本の儒者たちは、しばしばその唱導する教理と、彼らの生きる日本社会の実情との乖離に直面し、両者の摺り合わせに苦慮を強いられることとなった。このことは、一面に於いては儒学の内に活発な議論の必要性を齎し、その思想の分化発展、あるいは深化という点に大きく寄与するものであったといえるが、また一方では、儒学が成立する上での「特殊的な条件」に由縁したある問題、すなわち、日本という国家に帰属する成員の一人として、儒学思想の内に横臥する「華夷秩序」と如何にして向き合ってゆくか、という問題を儒者らに投げ掛けるものでもあった。

二　「主」たる自国の放逐

儒学を奉ずる者にとってみれば、中国という国は、まさしく彼らの敬仰すべき「聖人の国」として存在するものであった。だとすれば、その思想に敬虔であればあるほど、「中華」を礼讃し、中国からすれば「東夷」、すなわち夷狄にあたる日本人としての自己を蔑むという感覚を懐くことは、あるいは当然の帰結であったといわねばならぬかもしれない。

徳川期の日本にあって儒学に懸命に取り組んだ儒者たちが、みずからの学問としての儒学へコミットすればするほど、儒学を生みその伝統を長きにわたって守り伝えた中国に特別の感情をもったとしても不思議ではありますまい。とくに儒学が追い求める道なるものが、単に中国にのみ妥当する一国かぎりのものではなく、すべての人間が人間であるかぎり踏みおこなうべき普遍的な規範と考えられていたのですから、その儒学の発祥地である中国が他国とは異なる特別の地位を占めるものと映ずるのも、儒教世界を前提とするかぎり当然のことと言わざるをえません。中華の観念、あるいは中華と夷狄という自他差別の観念は、まさにこうした儒教的文化のなかで生まれた価値意識でした。すなわち儒教の「礼楽」的規範と価値を人間にとって普遍的なものとして受け入れ、それを伝統的な文化として尊重する国（つまり中国）を中華とし、それとは異なった文化の支配する国を夷狄として、両者を価値的に区別し、それぞれを優劣上下の関係に位置づけることにあるべき世界の秩序を見出す考え方がそれでした。

日本の儒者たちも、儒教を受け入れている以上、唐の国中国を中華の国として特別視することを否定することはできませんでした。[15]

かくいう松本三之介の指摘は、我が国の儒者らが陥った状況を実に的確に述べたものであるといってよいだろう。事実、近世儒学の祖である藤原惺窩は、弟子の林羅山に対して、「ああ、中国に生れず、またこの邦の上世に生れずして当世に生る。時に遇はずと謂ふべし」と洩らしたというし、[16]その羅山も、「中華に降生して有徳有才の人と講習討論せざるは遺憾なり」と慨嘆したことが、羅山の子である林読耕斎によって伝えられている。また、山崎闇斎の門弟佐藤直方も、「夷狄と云か結構な名に非ず、嬉ことに非ざれども、夷狄の地に生れたれば是非に不及也」、あるいは「今聖賢の書を読で居敬究理の学をする人は、唐をうらやみしたふべきこと也」[17]と述べている。彼らのような儒者たちは、まさしく儒者であるがゆえに、自身の思弁の体系に於いて当然のように華夷秩序を容れ、その結果として、本来ならば自らの帰属母体としてその思想の主体に据わるべきであるはずの日本を卑しみ、客体の彼方へと放逐してしまった。ここに於いて、日本の儒学は、「華―夷＝主―客」という顛倒を惹き起こし、謂わば「思想上の冊封」とも呼ぶべき事態に甘んじることとなったのである。だが、かような顛倒状態は、やがて彼らの内面に、衝迫性を伴う一つの疑念を生じさせることとなる。それはいわずもがな、この状況は果たして是認せられるべきものなのか、という疑問である。而して、こうした問題意識が表出するその嚆矢となったのが、山崎闇斎の提起した問答をその発端として、闇斎学派の門弟らの内に起こった、儒学の中での自国の位置付けを巡る論争であった。

この論争の引き金となったのは、闇斎と門弟との間に為された、以下のような問答である。

嘗て群弟子に問うて曰く、「今彼の邦、孔子を以て大将と為し、孟子を副将と為し、騎数万を率ゐ、来りて我が邦を攻めなば、則ち吾が党、孔孟の道を学ぶ者、之れを如何せん」と。弟子皆答ふること能はずして曰く、「少子為す所を知らず、願はくば其の説を聞かん」と。曰く、「不幸にして若し此の厄に逢はば、則ち吾が党、身に堅を被り、手に鋭を執り、之れと一戦し、孔孟を擒にし以て国恩に報ぜん。此れ即ち孔孟の道なり」と。[18]

山崎先生嘗物語に、唐より日本を従へんとせば、軍ならば堯舜文武が大将にて来るとても、石火矢にても打つぶすが大義也。礼儀徳化を以てしたがゑんとするとも、臣下とならぬがよし、是則「春秋」の道也、是吾天下之道と云へり。[19]

これは、先掲した惺窩や羅山のような、無条件に中国を羨み慕う儒者の立場からは、およそ導かれ得ないような言説であるといえるだろう。傍点を附した箇所を見る限りに於いて、闇斎の内に自国を「主」とする意識のあることを推認するのは難しくない。だが一方で、「〈民族主義的精神〉が予め闇斎のうちにあるのではな」く、闇斎学派の儒者らの言説が、「この逸話に見るような〈民族主義的〉な問題を構成していく」のだという、子安宣邦の指摘[20]は無視し難い重要性を有している。なぜならば、現にこの闇斎の言を承けるかたちで、後に闇斎の門弟である浅見絅斎が、儒学思想に於ける「華夷秩序」を払底し、自国を主体に据えるべきであるという、まさしく「民族主義的」な主張を展開していくことになるからである。

三　『中国辨』を巡る論争

浅見絅斎は、元禄十四年（一七〇一）に『中国辨』を著した。この書の冒頭に於いて、彼は次のように主張している。

> 中国夷狄の名、儒書に在り来ること久し。それ故吾国に有て儒書さかんに行はれ、儒書を読ほどの者、唐を以中国とし、吾国を夷狄とし、甚しき者は、吾夷狄に生れたりとてくやみなげくの徒有レ之。甚しいかな、儒書を読む者の読様を失ひて名分大義の実を不レ知こと、可レ悲の至なり。
>
> 吾国に生れて、吾国たとひ徳不レ及とて、夷狄の賊号を自らなのり、とかく唐の下につかねばならぬ様にをぼへ、己が国のいたゞく天を忘るゝは、己が国より道盛に行はれ、吾国を他国ののりともする合点なきは、皆己が親をいやしむる同前の、大義に背きたる者也。

絅斎のかような論調が、先に述べた華夷秩序の甘受に由来する、主—客の顚倒状態を難じるものであることは論を俟たない。では、当代の儒学が陥っている、この「己が親をいやしむる同前の、大義に背きたる」状態は、如何にして解消すればよいのか。絅斎はこれを、主—客の再顚倒をもって解決すべきであると主張する。

其国に生れて其国を主とし、他国を客として見れば、各其国より立る処の称号ある筈なり。道を学ぶは実理当然を学也。吾国にて「春秋」の道を知れば則吾国即主也。

面々各々にて其国を国とし、其親を親とする、是天地の大義にて、並行はれてもとらざる者也。

中国夷狄の名、それともに唐より付たる名なり。其名を以吾国に称すれば、それともに唐のまね也。唯吾国を内とし異国を外にし、内外賓主の辨明なれば、吾国とよび異国と云へば、何方にても筋目たがはず。

ゆえに、絅斎は、それでもなお「唐に従を吉」とするようなものは、「吾国の帝王の号をもしりぞけ年号をも不㆑用、毎年〳〵唐人の草履取にはいつくぼうて、頭あげぬが大義」であると痛罵するのである。

　こうした絅斎の立場を、桂島宣弘は「日本型華夷思想」であると位置付け[21]、渡辺浩は絅斎の主張を、「誰にとっても自分の国が「中国」であり、他国が「夷狄」である。したがって、カラではカラを「中国」といった。この国ではこの国を「中国」と称すればいい」といった意味に解釈しているが[22]、両者の主張はいずれも諾い難いものであるといわざるを得ない。まずもって、『中国辨』に於いて展開されている絅斎の主張は、「この国ではこの国を「中国」と称すればいい」といったような、自他に於ける単なる呼称の転換を企図しているわけではない。かかる絅斎の立論は、思弁する自己の母体である自国と、中国との関係性を、主客弁別の枠組みのもとで、現今の顚倒状態から、「其国を主とし、他国を客と」する状態へと捉え直そうとしてのものである。だからこそ、彼は、「其名を以吾国に称す」るという、単純な呼称の置き換えをもって解決策とするが如き意見については、これを「唐のまね」

として斥けている。また、『中国辨』は他の儒者らに対して、終始一貫して「華夷秩序」からの脱却を迫る内容となっており、したがって、そこには日本の方が中国より優れているのだから中国を下に見るべきだというような、華夷秩序的な優劣規定が持ち込まれてくることはない。それゆえ、これを「日本型華夷思想」と呼ぶには語弊があるだろう。ここで絅斎の言説上に顕れているのは、あくまでも、日本を自身の「思想主体」として捉える感覚であり、「日本型華夷思想」というよりは、むしろ徹底した主客弁別の立場に基づいての、謂わば「自国中心主義思想」とでもするべき性質のものであったと考えるべきである。

この『中国辨』に於ける絅斎の論は、果たして衝撃的なものだったようであり、儒者たちの間に大きな議論を巻き起こすことになった。わけても、闇斎門下で絅斎と双璧を為した、高弟佐藤直方からの反撥は凄まじく、彼は『中国論集』という書を著し、その中で絅斎の論を「君臣の大義を明さんと思ふ存念より、我生し国を君父の国と敬い尊ぶの親切がすぎ」た、「偏説」であるといって、これを激しく攻撃している。しかしながら、そこで為されている直方の反論を見るに、それは詰まるところ以下の如き主張の一点張りでしかない。

> 中国夷狄と云は、根本聖人の立言にて外の国では云はぬ事なるに、儒書を読んだかにて、中国は善、夷狄は悪と云事を知て、我生れし国をひいきする存念は殊勝なれども、天下の公理を知らず、聖賢成説を変化するに陥るは、苦々しきこと也。
>
> 宜哉、中国夷狄と云ことは、聖人、天地全体の中をはかつて中国を中国とし外国を夷狄と定めをけり。その成説を変ずるは不㆓忌憚㆒之甚矣。

要するに、中国が「中華」としてあり、日本が「夷狄」としてあるということは、「聖賢の成説」なのだから、それを変ずるが如き主張は道理に悖る、と直方はいっているのである。ここには、絅斎の主張を駁するに足るだけの論理的な弁証は何ら盛り込まれておらず、極言してしまえば、直方はただ単に、儒者である自身が思想上の忠誠対象とする、「聖人の国」中国という存在を再確認する言動に終始しているに過ぎない。子安もいっているように、絅斎の言説のもとに成立した、「強固にして破りがたい自国への意識」は、直方のような保守一辺倒の立場からの批判では、もはや「揺るがすことも、崩すこともできな」かった[23]のである。

かくして、ここに於いて儒学の内部に、「華夷秩序」を離れた「自国」という意識が萌芽し、且つ表面化したのであった。すなわち、思想の主体に自国を据えようとする試みそのものは、国学の誕生を待たずして、既に儒学の内に発生していたわけである。しかしながら、絅斎の論に見られるが如き「自国中心主義思想」は、そこにある一点が欠如しているがゆえに、自国を完全なる「主体」として再構築するまでには到らなかった。それは、客体である「異国」、すなわち中国と向き合うとき、その向き合うべき主体としての「自国」が一体如何なるものであるか、換言すれば、主体としての自国の独自性を何処に見出すべきか、という点であった。勿論、絅斎もその必要性に気付いてはいたものと思われる。それが証拠に、彼は『中国辨』の内に、

> 吾国天地ひらけて以来、正統つゞき万世君臣の大綱不変のこと、これ三綱の大なる者にして、他国の不レ及処にあらずや。其外武毅丈夫にて、廉恥正直の風天性根ざす。中興よりも数聖賢出て吾国をよく治めば、全体の道徳礼義、何の異国に劣ことあらん。[24]

という主張を布石することを忘れなかった。しかしながら、では何ゆえに「万世君臣の大綱不変」のままに、自国が代々穏やかに治まってきたのか、その理由について、彼はそこに一切立ち入ろうとはしない。否、おそらくは立ち入ることができなかったのである。なぜならば、中国に於ける「特殊的な状況」を背景として成立した儒学の哲理の内に留まる限りは、それとは異なる日本の「特殊的な状況」を十全に説明し得る手段を、そこから引き出すことは不可能だからである。かくも先進的な態度を有した絅斎といえども、この点については、その例外ではあり得なかった。

このように、たとえ主体としての自国を認識し得たといえども、自国中心の思想を構築するにあたって、独自の論拠を用意できない限りは、それは依然として儒学の教理をもってして語られざるを得ない。したがって、この時点でのそれは、未だ「和魂儒才」程度の状態でしかなかったといわねばならないだろう。ゆえに、儒学はなおもその勢いに衰微を生じることはなく、当代日本思想界は、依然としてかかる外来思想の支配から逃れ去ることままならぬといった状況であった。

だが、間もなくしてこの状況から脱却するための転機が訪れる。而して、奇しくもその誘因となったのは、儒学最盛期の立役者となった荻生徂徠による「徂徠学」の成立と、その分裂であった。

四　徂徠学の分裂と『辨道書』の余波

儒学を修めるにあたっては、何を措いてもまず、「古文辞を識り古言を識るを以て」[25]されねばならないと主張した荻生徂徠は、当時の大勢であった朱子学派を、「宋儒」ないしは「後儒」と呼び、これを徹底的に批判した。古文献について、これを学び読むにいささかの私見も交えることなく、厳正にその字義のみを是とする、極めて厳正な文献学的性質を有した「古文辞」という手段に基づいた徂徠の学は、それゆえに、実際に為されている記述の範囲を出るが如き臆説について、その一切を徹底的に排除する姿勢を採った。而して、かかる徂徠の学問的姿勢からすれば、かの闇斎や絅斎の説くが如きは、当然に臆見として斥けられねばならぬものである。(26) ここに、徂徠学が当代儒学の覇権を握ったことで、儒学内部に於ける主体的自国獲得の機運は頓挫せしめられることになった。

さて、徂徠はその言説に於いて、窮理によって自己を過信し、「天理・人欲・理気・陰陽五行などいへる、高妙の説を先とし、持敬・主静・格物・致知・誠意・正心などいへる、坊主らしきことを誠のことと思ひ、務て人の及がたきことを教て、聖人に成らんことを求め」るような朱子学の態度を斥け、儒学に於ける真の「道」について、「聖人は天子也、天子は天下国家を治るわざを己が職分となし玉へる故に、聖人の道と云ふは天下国家を治むる道也」と主張する。(27) 彼は、「心を治め性を明にする」ような、従来然とした内面的修養論を棄却し、儒学に於ける「道」というものを、社会的・政治的な統治規範として位置付けようとする。そして、当代日本社会をして死に体の「病人」に譬え、その病人である日本に対して「治法を施」し、「根本より治す」には、「聖人の道」に基づく「制度」の「立かへ」が必要であると説いたのであった。(28) 煎じ詰めれば、徂徠の考える儒学の役割は、「治世」の一点に収斂するものであったといってもよいだろう。

だが、一世を風靡したこの徂徠学は、さほどの時を置かずして根本的かつ甚大な矛盾に突き当たってしまう。それは、死ぬや否やの、さながら「病人」の如き状態であるはずの江戸の世に、一向に乱れる気配がないという厳然たる事実であった。徂徠学をもってして治められるべき世、すなわち徂徠学という「治法」を施すべき「病人」が不在である以上、そこに徂徠学の存在意義を巡る疑義が誘発されるのは至当の展開であったといえるだろう。また、徂徠は既述の如くに、「聖人の道」を優れた統治機構と見做し、これを重視したわけであるが、近く明清の王朝交代（一六四四）が起こった中国の現状も相俟って、まさしくその中国の伝統的統治制度として見出された「聖人の道」自体の有効性について、そこに疑念が差し挟まれることともなった。果たして、徂徠が没すると、「蘐園学派」と呼ばれた彼の門下は、その内部に分裂を来した。彼ら蘐園の儒者たちは、一方は太宰春台のように徂徠学の道学的側面のさらなる純化徹底を志向する道を採り、また一方では、服部南郭に代表されるように、そこに持つ政治性を放棄し、ひたすら詩作や古文辞の研究に没頭する文学的志向を深めていったのであった。この分裂を境に、徂徠学は凋落の途を辿り始める。儒学界に於いて権勢を極めた徂徠学の没落は、それすなわち、「儒学そのものの思想界の第一線よりの落伍[29]」そのものを意味するものであった。しかも、図らずしてその凋落の糸口を用意してしまったのは、徂徠学の祖たる荻生徂徠その人だったのである。

丸山眞男は、徂徠の説く「道」の有する問題点を、このように分析している。

けだし道の価値はもはや天然自然の真理に合することに存するのでもなければ、それ自身窮極的なイデーなることに存するのでもなく、ひたすら聖人の製作なることに係らしめられてゐる。道をして道たらしめるのは理ではなく権威である。しかしながら、権威は権威を信ずるものにとつてのみ権威たりうる。徂徠学においては聖人の権威を信じない者にはもはや道の真理性を以て説得する事が出来ない。厖大な徂徠学の体系はつきつめて行けば「愚老は釈迦をば信仰不レ仕候。聖人を信仰し候」といふ一点に依拠してゐる。危いかな、この拠点にして取除かれんか、聖人の道はその全構成もろとも忽ちにして大地に潰え去るのである。しかもその聖人は古代シナに出現した政治的君主である。かうした歴史的―場所的に制約された人格の創造した道が何故しかく尊崇に価するのか。徂徠学は、儒教的思惟の殻内から一歩外に踏み出て問題を考へる余裕を持つ者を必然にこの疑問に誘致する。[30]

かかる丸山の指摘は、先に述べた「徂徠学の存在意義を巡る疑義」の本質と不断に結び付いているものであるといえる。なぜなら、今仮にある者が徂徠学についてその意義を疑おうとするならば、その者は徂徠学を客観視すべく、必然的に徂徠学から「一歩外に踏み出」さねばならぬことになるからである。

徂徠学の意義を巡って、その学派が道学的方面と文学的方面とに二分されたことは既に述べた。では、それぞれの立場を代表する太宰春台と服部南郭との内、丸山のいうところの「一歩外に踏み出て問題を考へる余裕を持つ者」は一体どちらだったかと問うならば、それはいうまでもなく南郭の方であっただろう。南郭が元文二年（一七三七）に物した、『田大心を送る序』という書の冒頭に、「吾が徒の学を為す、固より已に世に贅疣なり」[31]といったのは実に示唆的である。さらに、徂徠学に基づく制度の建て替えが行われていないにもかかわらず、日本社会が依然として泰平を保ち続けていることについて、湯浅常山の『文会雑記』には、

（中国は）人柄の甚わるき国と覚ゆ。それゆゑ礼楽にて聖人治めたまへり。日本は礼楽なしに治まるを見れば、華人よりは人柄よきなり。[32]

という南郭の回答が残されている。この傍点部でいわれているのは、紛れもなく中国に対する自国の優位性である。蘐園学派の南郭をしてこのようにいわしめるほどに、徂徠学と現実との乖離は深刻なものであったものと見受

けられる。

また一方で、従来的な徂徠学思想の内部に留まり、且つはそれをさらに先鋭化する方向性を採った太宰春台は、儒学に於ける「聖人の道」のありかたをより純化すべく、『辨道書』を著した。而して、かかる一書の内に専らにされたのは、「凡今の人神道を我國の道と思ひ、儒佛道とならべて是一つの道と心得候事、大なる謬にて候。神道は本聖人の道の中に有之候[33]」、「日本には元來道といふこと無く候。近き頃神道を説く者いかめしく、我國の道とて高妙なる様に申候へ共、皆後世にいひ出したる虚談妄説にて候[34]」といったような、神道に対する批判であった。一見して明らかなように、春台はここで、件の「思想上の冊封」のもとに、神道の存在そのものの否定を敢行している。『辨道書』が、その発表と共に、当代神道家らの轟然たる非難を喚起したことはいうまでもないだろう。しかしながら、当時の神道は所謂「儒家神道」としてのそれであり、したがって、彼らの反論は必然的に儒学的言説に依拠するかたちに終始せざるを得なかった。先に挙げた浅見絅斎の事例と同様に、彼らもまた、日本について独自の根拠に基づいて語る術を有していなかったのである。

ところが、『辨道書』を巡る喧々諤々の議論は、その波紋が大きく広がったことで、ある人物をその論戦の内に呼び込むこととなる。それは後に、凋落の一途を辿る国内儒学にかわって、日本思想界に於いて一大勢力となる、新興思想「国学」の、最初の体系的な担い手となる賀茂真淵であった。

五　「華夷秩序」の解体

賀茂真淵は、元禄十年（一六九七）に賀茂神社の神主の子として生を享けた。十一歳から、荷田春満の門弟であった杉浦国頭より春満の古学を学び、二十七歳頃に分家へと養子に出され、その先で太宰春台の弟子渡辺蒙庵につき、彼から徂徠学を学んだ。その後、上京して春満に師事し、春満の死の翌年となる元文二年（一七三七）に江戸へ移ると、延享三年（一七四六）には、徳川御三卿の一つである田安家の当主であった田安宗武に、「和学御用」として召し抱えられることとなった。こうした多彩な学歴によって得た諸学知識の綜合のもとに、真淵の国学思想はその成立を見たのである。

真淵の思想を代表するものとしては、「五意」[35]と総称される五つの著作が挙げられるが、ここでは、春台の『辨道書』への批判を目的とすると共に、真淵の国学的言説が最も色濃く顕れている『国意』を中心に、彼の主張を見ていくこととする。

『国意』は、その冒頭からして、「から國の道」、すなわち儒学を旨とする「ある人」と、「おのれ」との対話という形式を採りながら、儒学との対決姿勢を顕わにしている。

ある人の、我は哥やうのちひさきことを、心とはし侍らず、世の中を治めむずる、から國の道をこそといふ、おのれたゞ笑てこたへず、後にまた其人にあひぬるに、万のことをことわるめるに、たゞ笑にわらひておはせしは故ありや、などいふに、おのれいふ、そこのいふは、から國の儒とやらむのことか、

こうした自己韜晦の色を帯びた書き出しは、自身の論の優位性を主張すると共に、儒学を真っ当に応ずるに値しない、取るに足らないものとして位置付けようとする、真淵の意図の表出にほかならない。さらに、右の引用部の直後に続けて、真淵は儒学を「天地のこゝろを、しひていとちひさく人の作れるわざ」に過ぎぬものであると断ず

る。曲がりなりにもいまだ当代思想の主潮であったはずの儒学を、彼は一顧だにしない。それどころか、真淵にとってみれば、それは本来的な自国のありさまに害を為すものですらあり、したがって、排拒されるべき対象だったのである。

この真淵の言に対して、「ある人」は、「堯舜夏殷周など」を持ち出して反論を試みようとしているが、真淵はこれを「たゞ百千々の世」の「むかし物語」であると一蹴し、それ以降も依然として儒学が存在し続けているにもかかわらず、中国の世が治まったためしがないと指摘する。加えて、儒者が殊更に理想の世のありかたとして喧伝しているそれらの時代についても、たとえば「堯」から「舜」への禅譲や、武王による「殷」の放伐が、「世をうばひ君をころしまつる」ような、後の世に於ける帝位簒奪図式の呼び水となったと批判し、「如是世々にみだれて治れることもなきに、儒てふ道ありとて天が下の理を解」こうとする儒学や、その儒学を宣揚して「唐國にては此理りにて治りしやうに解」く国内の儒者のありさまは、すべて「そらごと」に過ぎぬと喝破するのである。

桂島宣弘が指摘しているように、『国意』冒頭部に於けるかような儒学批判が、垂加派の神道家佐々木高成や、伊勢神道の祀官であった度会常彰らが『辨道書』に対して既に行っていた反駁と同様の論脈の内にあり、したがって、必ずしも革新的な視座からのものではなかったということは疑えない。[36] そもそも、『国意』執筆の動機として、『辨道書』への反撥と、それに対する諸反論への共感が、一つ大きな位置を占めていたであろうことは、真淵が自身の弟子である本居宣長に、鳥羽義著によって著された春台批判の書『辨辨道書』の所蔵を尋ねた書簡の件からも明らかである。[37] だが、『国意』の内容に於いて真に注目されるべきは、真淵が単なる儒学批判に終始することなく、それ以前の自国中心主義的言説の数々がついぞ提示し得なかった、儒学的な価値を排した独自の価値観を随伴しながら、自国の優位性を主張することによって、日本を「主体」へと押し上げようとしたという点にある。このことをより詳しく論ずるために、まずは前掲した冒頭部の直後に展開される真淵の言を見ていきたい。

真淵は、先の儒学批判に引き続いて、自国と儒学との関係性を次のようにいう。

こゝの國は、天地の心のまに〳〵治めたまひて、さるちひさき理りめきたることのなきまゝ、俄かにげにと覺ゆることどもの渡りつれば、まことなりとおもふむかし人のなほきより、傳へひろめて侍るに、いにしへよりあまたの御代〳〵、やゝさかえまし給ふを、此儒のことわたりつるほどに成て、天武の御時大きなる乱出來て、夫よりならの宮のうちも、衣冠・調度など唐めきて、万うはべのみみやびかになりつゝ、よこしまの心ども多くなりぬ、凡儒は人の心のさかしく成行ば、君をばあがむるやうにて、尊きに過さしめて、天が下は臣の心になりつ、夫よりのち、終にかたじけなくも、すべらぎを島へはふらしたることく成ぬ、是みな、かのからのことのわたりてよりなすことなり、

元来「こゝの國」、すなわち日本は、「天地の心のまに〳〵」世の中が治まってきた国であり、また、その国民性は「なほき」ものであった。それゆえ、この国は古代より御代御代に「さかえまし」てきた。ところが、天武朝の頃より、それまでの国のありさまに歪みが生じ、世が乱れ、終には天皇を流刑に処すような事態が起こるまでになってしまった。而して、真淵にいわせれば、このような世の頽落は、ひとえに「万うはべのみみやびかになりつゝ、よこしまの心ども」を人々に植え付ける儒学の移入に由縁するものであり、したがって、「儒の道こそ其國をみだすのみ」ということになるのである。こうした真淵の主張は、従来の自国中心主義的言説と同じようでありながら、それが儒学の外部からのものであるという一点に於いて、そこに大きな意味を持つものであった。真淵

は、儒学に依ることのない立場を確立することによって、絅斎らがその学問的立場ゆえに決して成し得なかった、儒学そのものの否定を執行したのである。では、真淵が儒学を否定し、且つまた自国の優位を宣言する、その根拠は何処にあったのだろうか。

一つには、やはり徂徠学の存在が大きな要因として考えられるだろう。真淵は、「聖人の道」の教えを、「制を立るは人なれば、其制も國により地によりこと成るべきことは、草・木・鳥・獣もこと成が如し」、またあるいは「ふと一度制を立れば、必天が下の人、後の世迄守るものとおもふは、おろかなるわざなり」といって非難している。これは、先に引いた丸山の言葉を借りれば、「歴史的—場所的に制約された人格の創造した道が何故しかく尊崇に価するのか」という視点からの批判にほかならない。徂徠が「道」の絶対性の根拠を、「歴史的—場所的に制約された」聖人による製作という点に求めてしまったことが、儒学それ自体への懐疑を招き、延いては儒学否定への糸口を生んでしまったのである。

また、今一つには、田安宗武への出仕を契機として本格的に取り組んだ「歌学」研究と、それに伴う萬葉的世界観の発見が挙げられる。先に引用した『国意』の一節によれば、儒学によって「人の心のさかしく成」る以前の日本がよく治まり、「さかえまし」たのは、「むかし人のなほき」心ゆえであったという。而して、真淵はかような日本人本来の「なほき」心のありさまを、我が国固有の文化である和歌、わけても上代の和歌のうちに見出したのであった。

真淵は和歌について次のように述べている。

あはれ〳〵、上つ代の人はおもふ心ひたぶるに、なほくなむありける、こゝろしひたぶるにしあれは、なすわざもすくなく、事し少なければ、いふことのはもさはならさりけり、しかありて、こゝろにおもふことあるときは、ことにあげてうたふ、こをうたとはいふめり、しかうたふも、ひたぶるなるひとつこころをうたひ、ことはもなほき常のことばもてつゝくれば、つゝくるとしもおもはでつゝき、とゝのへるともなくて調はりけり、かくしつゝ、哥はたゞひとつこゝろをいひいづるものにしあり、(38)

たゞ哥は、たとひ悪きよこしまなるねぎごとをいへど、中〳〵心みだれぬものにて、やはらいでよろづにわたるものなり、

傍点部でいわれているように、歌は「ひたぶる」に「なほく」ある日本人の心の表出にかたちを与えるためのものであった。そして、その「こゝろにおもふこと」の良悪にかかわらず、それを「ことにあげてうたふ」ことは、人に「やはらぎ」を齎すものなのである。ゆえに真淵は、従来この国が平らかに治まっていたその理由について、

凡人の心は、私ある物にて、人と争ひ、理りをもて事を分つを、此哥の心有時は、理りの上にて和らきを用る故に、世治り人静也、

と結論するのである。

『国意』に於いて、真淵は上記の二点をもって儒学を斥け、上古的な「哥」の文化を基軸とした自国の優位性を主張した。かくして、この新たな自国中心主義的言説のもとに、主体への回帰を阻んでいた「華夷秩序」の檻は解

体され、「思想的主体としての自国」を恢復―あるいは獲得というべきであろうか―した国学は、さらなる思想的展開への一歩を踏み出すこととなったのであった。

結

以上、非常に雑駁ではあるが、近世に於ける儒学の積極的受容に端を発し、国内の儒者らの内に芽ぐんだ自国の主体性を巡る意識が、国学という形式をもって開花するまでの流れを俯瞰してきた。本章の序に於いても既に一言したように、儒学と国学の関係性は、とかく否定的な側面がクローズアップされがちである。無論このことは、国学の側からの強烈な攻撃姿勢に鑑みれば当然導かれて然るべき見解であるし、それはまた一面に於いて真を穿っているともいえるだろう。だが、本章で論じてきたように、そこに自国意識という観点を持ち込んだときには、また違った面が立ち顕れてくるのである。勿論、「華夷秩序」という思想的桎梏に応接するにあたり、儒者らの態度は一様ではなかった。浅見絅斎のようにそこからの脱却を模索する者もいれば、佐藤直方のようにあくまでもそれを甘受することを是とする者もいたわけである。だが、国内儒者の内に、華夷秩序を当然のものとする立場から進んで、それを問題として認識する風潮が生じ、遂にはその解体を企図する言説が立ち上がるまでに到ったという事実だけはここに歴然としている。

しかしながら、かかる儒者らによる自己の主体を巡っての思想的営為は、それが儒学という思想体系の枠内に留まって為されたものである以上は、やはり臆説とされねばならぬ宿命にあった。彼らがそこにどれほど怜悧な解釈を持ち込んだところで、文献にあたればそこには自国が夷狄であるという記述が厳然と存しているのである。徂徠の出現によって、「古文辞」という方法論が確立され、且つまたそれが儒学の主勢となったことで、儒学内部に芽吹いた自国意識には、もはやその根を伸ばす大地も枝葉を張る空間も許されなくなった。儒学内に萌え出た若芽は、徂徠学によって刈り取られんとした。本章の序に於いて「拭い難い断絶」といったのは、まさしくこの点に関してのことである。

だが、かかる徂徠学の態度は、儒学の外側にその芽の新たな生育地を準備するものでもあった。徂徠学によって、国内の儒学の方向性が窮理の学から制度の学へと転換したとき、それはもはや天地万物全般へと振り向けられるような思想ではあり得なくなった。儒学は世界に遍く通底する「理」の学問から、地理的に制約された一国家、すなわち中国に於ける一個の政治思想として極端な矮小化を蒙ったのである。ここに到って、儒学は普遍性という特質を放棄せしめられ、特定の国に於ける特定の人物によって製作された一つの政治規範へと変態する。ならば、単なる他国の政治規範や、それを製作した人物を諾々として尊崇する謂われが一体どこにあろうか。こうなった以上、華夷秩序などという如きも、中国内部から出た夜郎自大な「お国褒め」の言説に過ぎぬではないか。国学が付け入ったのは、まさしくこの点であった。

而して、その徂徠学の陥穽を衝き、且つは儒学一般を徂徠学に肩代わりさせるような格好で、それらを批判することによって国学はその定立を見た。かかる思想定立を遂行した真淵の言説が、儒学に依らぬ新たな価値観を呈示し得たという点で画期的であったということは、既述の如くである。一方で、これに際して、真淵やあるいはその弟子である宣長による国学的手法が徂徠学の「古文辞」と酷似しており、何となればそれが「古文辞」由来のものであるという批判が儒者の側からしばしば投げ掛けられたことも、また周知の事実である。しかしながら、国学にとって幸運だったのは、かような文献学的手法が、国学の前身としてある歌学の内に、契沖らの研究を通じて発生

していたことである。ゆえに彼らは、そうした批判に対してこのように回答すればよかった。すなわち、

> ある人の、古學を、儒の古文辭家の言にさそはれていできたる物なりといへるは、ひがごと也、わが古學は、契沖はやくそのはしをひらけり、かの儒の古學といふことの始めなる、伊藤氏など、契沖と大かた同じころといふうちに、契沖はいさゝか先だち、かれはおくれたり、荻生氏は、又おくれたり、いかでかかれにならへることあらむ[39]、

と。こうして、その影響関係を否定する術を有しながら、その方法論の内実は徂徠学派が古典研究の真正なる方法をもって自任する「古文辞」と同様であるという形式を獲得したことによって、国学は正面から堂々と徂徠学を攻撃することが可能だったのである。

このようにして、差し当たりの地歩を固めた国学思想によって、思想的主体としての自国を巡る問題自体は一面の解消を見たといってよい。何を措いても「華夷秩序」の解体と、「思想的主体としての自国」の恢復という点に於いて、真淵の功績は多大なものであったといえるだろう。だが一方で、かかる大業を為した真淵の国学的言説は、そこに新たな問題点を抱えることともなった。最後にこの点について附言して、本章の閉じ目としたい。

真淵国学に認められる大きな問題として、自国の優位性を説く論拠とした我が国の古代、すなわち「上つ代」への著しい傾斜が挙げられる。今一度『国意』の記述に目を遣ってみよう。

> 此儒のことわたりつるほどに成て、天武の御時大きなる乱出來て、夫よりならの宮のうちも、衣冠・調度など

唐めきて、万うはべのみみやびかになりつゝ、よこしまの心ども多くなりぬ、凡儒は人の心のさかしく成行ば、君をばあがむるやうにて、尊きに過さしめて、天が下は臣の心になりつ、夫よりのち、終にかたじけなくも、すべらぎを島へはふらしたることとく成ぬ、

たしかに、真淵は「から國」に比して自国を優位に置いている。しかしながら、それはあくまでも「上つ代」の日本であり、右に再掲したような状況下にある、真淵らの生きる当代日本ではなかった。すなわち、真淵の言説上には「古代」と「今」という二つの自国が分立して存在してしまっているわけである。この点について真淵はどのように考え、また、どのように対処しようとしたのであろうか。このことを詳らかにするために、我々は真淵の自国認識をさらに深く探る必要があるだろう。次章では、真淵の捉える「古へ」と「今」との関係を中心に考察を進めていきたい。

（1）丸山眞男『日本政治思想史研究』東京大学出版会、一九五二、一四七頁。括弧内は筆者。
（2）国学を定立した賀茂真淵からして、その主著の一つである『国意』が、蘐園学派の儒者太宰春台による神道批判の書である『辨道書』に対するポレミークであった以上、儒学と国学との間に思想的牽連が存していることは自明であるし、現に先学によって指摘されてもいる（たとえば、丸山眞男前掲書、一四八〜一五七頁）。ただし、本書に於いては、そうした従来いわれている両者の関連性―これは特に否定的な側面について取り上げられることが多いが―を指してこれを問題視しているわけではなく、儒者らの間に萌芽した「自国」という意識が、儒学との否定的連関のもとに成立した国学に於いて具象し、その言説の内に浮揚してくるという、謂わば継承的連関について、これを「連続性」と呼称している。
（3）『日本思想大系一　古事記』岩波書店、一九八二、二一五頁。なお、片仮名はすべて平仮名に改めた。
（4）『日本書紀（二）』岩波書店、一九九四、二〇六頁。

(5) 堀景山『不尽言』(『新日本古典文学大系　九九』所収、岩波書店、二〇〇〇)、一七一頁。
(6) 同、一八三頁。
(7) 同、一九〇頁。
(8) このように、景山は『不尽言』の中で一貫して武断政治の危険性や限界を説き、徳川将軍家による尚武主義を批判する。ただし、家康だけはその限りではなかったようで、同書に於いて、「御当代の天下長久なるも、神君の武勇の威光ばかりではなし。その天性寛仁の徳に自然と人心感服し来る事久しければ、天下ひとりでに御手に入し事也。」(前掲『不尽言』一九〇頁)と評し、「信長、秀吉、信玄、謙信などの武力一途なるを以て引合せてみれば、いやとはいはれぬ事ある也。」(同)と、他の戦国武将を引き合いに出しながら家康を称讃している。
(9) 丸山眞男前掲書、八～九頁。
(10) このように、江戸開幕の初期から既に、朱子学が我が国の「文」の中心に置かれていたとする説が主張されることは決して少なくはない。而して、その際に根拠として挙げられるのが、江戸幕府の正史とされる『徳川実紀』に於ける、家康による林羅山登用の件である。ところが、この逸話は、『徳川実紀』編纂当時に、朱子学こそが「官学」であるという正当性を担保すべく、林家によって創作された「神話」であるということが指摘されている(佐藤弘夫代表編集『概説日本思想史』ミネルヴァ書房、二〇〇五、一五四頁)。したがって、『徳川実紀』の記述をもって、江戸幕府による儒学の積極受容を根拠付けることは難しいのではないかと思われる。
(11) 林羅山『羅山林先生文集』には、家康が羅山に対して、「湯武の征伐は権か」という質問を投げ掛けたと記されている(『日本思想大系　二八　藤原惺窩・林羅山』所収、岩波書店、一九七五、二〇八頁)。この家康の問いに答えて、羅山は「湯武の挙は、天下を私せず、ただ民を救ふにあるのみ」(同)といい、湯武による放伐を容認する立場を披露している。
(12) このことは、極端にいえば天皇家による「徳川放伐」が正当化され得るということである。しかしながら、こうした儒学(特に朱子学)に於ける放伐容認論は、後に山崎闇斎ら崎門学派によって否定されることとなる。
(13) 徳川綱吉による湯島聖堂の建造などは、江戸幕府の儒学積極受容の証左といえるかもしれないが、徳川吉宗の治世期に於いて一旦はほぼ廃れてしまっているという、その後の不振に鑑みるならば、真に「官学」として重用されるようになったのは、寛政異学の禁以降であると見るべきであろう。
(14) 丸山眞男前掲書、八頁。
(15) 松本三之介『近代日本の中国認識　徳川期儒学から東亜共同体論まで』以文社、二〇一一、二四頁。
(16) 林羅山前掲書、一九八頁。

(17) 佐藤直方『中国論集』(『日本思想大系　三一　山崎闇斎学派』所収、岩波書店、一九八〇)、四二〇頁。片仮名はすべて平仮名に改めた。以下同様である。
(18) 原念斎『先哲叢談』平凡社、一九九四、一一八～一一九頁。
(19) 浅見絅斎『中国辨』(『日本思想大系　三一　山崎闇斎学派』所収、岩波書店、一九八〇)、四一八頁。片仮名はすべて平仮名に改めた。以下同様である。
(20) 子安宣邦『江戸思想史講義』岩波書店、二〇一〇、七六頁。
(21) 桂島宣弘は、『思想史の十九世紀「他者」としての徳川日本』(ぺりかん社、一九九九)、一六八頁に於いて、浅見絅斎の言説を、「十七世紀後半から十八世紀前半の儒者に見られる、「日本的内部」を何らかの形で自覚した「日本型華夷思想」である」と位置付けている。たしかに、『中国辨』の記述を見るに、絅斎が「日本」というものに対する強い自覚を持っていたことは疑えない。だが、同じく『中国辨』に、「然れば、各其土地風俗のかぎる処、各一分の天下にて、たがいに尊卑貴賤のきらいなし。」という記述があることからもわかるように、絅斎は、華夷秩序の枠組みに留まり、その中で日本と中国との優劣関係を逆転させようとしたわけではない。むしろ絅斎はここで、その華夷秩序に拘泥することをやめて、日本人である以上は母国である日本を卑しむのをやめるべきであると訴えているのである。
(22) 渡辺浩『日本政治思想史』東京大学出版会、二〇一〇、三〇六頁。
(23) 鉤括弧内はいずれも、子安宣邦前掲書、八一頁。
(24) 浅見絅斎前掲書、四一六頁。
(25) 荻生徂徠『弁明』(『日本思想大系　三六　荻生徂徠』所収、岩波書店、一九七三)、一七〇頁。
(26) たとえば徂徠学派の堀景山も、闇斎を名指しで挙げ、「元来山崎闇斎など、儒者の片店に神道を売り出し、人の面白がるやうに建立せし事也。」(堀景山前掲書、一九七頁)と、彼の思想を強い口調で揶揄している。
(27) 鉤括弧内は、荻生徂徠『太平策』(『日本思想大系　三六　荻生徂徠』所収、岩波書店、一九七三)、四四八～四五五頁。
(28) 鉤括弧内はいずれも、同、四六四頁。
(29) 丸山眞男前掲書、一四七頁。
(30) 同、一五三頁。
(31) 服部南郭『南郭先生文集』(『日本思想大系　三七　徂徠学派』所収、岩波書店、一九七二)、二一六頁。
(32) 湯浅常山『文会雑記』(『日本随筆大成　第一期　第十四巻』所収、吉川弘文館、一九七五)、一九七頁。括弧内は筆者。
(33) 太宰春台『辨道書』(『日本倫理彙編　第六巻』所収、育成会、一九〇三)、二〇五頁。

(34) 太宰春台前掲書、二二三頁。
(35) その内訳は、『文意（延享四）』、『歌意（明和元）』、『国意（明和二）』、『語意（明和六）』、『書意（明和六）』となっている。
(36) 桂島宣弘前掲書、一七三〜一七四頁。
(37) 賀茂真淵『縣居書簡続編』の「明和六年正月廿七日本居宣長宛書簡」（『賀茂真淵全集　第二十三巻』所収、続群書類従完成会、一九九二、一二三頁）の条に、真淵が「先年太宰純か辨道書といふ物一冊出せしを、鳥羽義著といふ人悪みて破却し、から國の聖人と称せる人を證を擧て皆罵下せし辨辨道書といふ一冊有之、皇朝の大意はよく得たる人と見ゆ、此書今は判失しか、古本のみ有之也、御許に候らん哉」と、宣長にその所蔵の有無を尋ねたことが記録されている。
(38) 賀茂真淵『歌意』（『賀茂真淵全集　第十九巻』所収、続群書類従完成会、一九八〇）、四九頁。
(39) 本居宣長『玉勝間』（『本居宣長全集　第一巻』所収、筑摩書房、一九六八）、二五七頁。

第二章 「道」と「哥」――「古へ」へのまなざし――

序

前章ではまず、前半部に於いて国学勃興までの流れを確認するとともに、国学に先駆けて儒学内部に発生した自国意識に言及し、後半部では、賀茂真淵の『国意』に於ける言説を瞥見して、そこに立ち顕れている自国についての認識を探った。而して、真淵の国学的言説を眺めたとき、そこにはかかる言説を形成する二つの要素が認められる。すなわち、一つには、自国のありさまを規定する「おのづから」なる国ぶりであり、また今一つは、日本人本来の「なほき」心と、その表象としての「哥」の存在である。この二点についての理解を欠いては、真淵思想の内実を仔細に知ること能わず、延いてはその自国意識の要諦を見誤ることにも繋がりかねない。そこで本章では、これらの点に関して、真淵が如何なる認識を有していたのかということを、少しく踏み込んで検討してみようと思う。

一　『辨道書』の内実

前章に於いて、その考察の中心に据えた『国意』は、繰り返しになるが、蘐園の儒者太宰春台の物した『辨道書』への批判をその大旨としていたと考えられる。この『辨道書』自体は、当時の社会に於いて人々の信仰を集めていた儒仏神の三者について、それぞれの違いを明らめ、もって儒学の優越―春台に於いてこれはもはや絶対性としてもよいかもしれない―を弁証することを企図したものである。ゆえに、そこでは他の二教、すなわち仏教と神道に対して、徹底した批判が展開されることになる。

たとえば、仏教について、春台はこのように述べている。

> 佛法はいかほど向上に廣大に説候ても、畢竟一心を治て獨身を自在に安樂にするのみの道にて、天下國家を治むる道にあらず、僧はいかほどの學問いかほどの智恵ありても、天下國家の政にあづかることを得ず、却て天下の法制を受け士民の末に列する者にて候。聖人の道はすなはち天道にて、天地の間に行はれずしてかなはざる道にて候を、只佛者の高遠なる事をいふを聞しめして儒者の道と同等に御心得候さへ御誤にて候に、儒者の道より上なる様に御心得候はゞ、天道に背きたまふと申にて有べく候。[1]

仏教の教えは、畢竟ずるに、自分自身の心を安んずるためだけのものであり、「天下國家を治むる道」としては機能しない。したがって、これを「聖人の道」と同等以上のものであると考えるのは誤りであると春台は主張する。それだけであれば、単に「佛法」と「聖人の道」との優劣関係を述べるに留まっており、一見穏健にも思えるが、春台の舌鋒はこれのみに終始することはない。

念慮の起るは心の役にて候。佛法には妄念妄想と名付けて是を制し候。制して制せられぬ物を強て制すれば、後には心に癖つきて病になり候。是を心疾と申候。されば世の中に心法を研とて日夜工夫して、終に狂亂して、癈人になる者折々有るは、心を攻る故の禍にて候。

仏法は治国の道に適わぬ、ゆえにこれを措いて問わず、とはならないのである。ここに春台がいう仏道修行の末に狂乱し、あるいは廃人になる者がままある、という主張が果たして事実であるか否かは判然としないが、少なくとも仏教の「心法」が人に齎す結果を「禍」と断ずるだけの排撃姿勢を、春台が仏教に向けていたということだけは間違いないだろう。武部善人は『辨道書』をして、「とくに仏教排撃に主眼を置く」と述べているが[2]、かように過激な言及を見れば、一書に対してそうした印象を懐くのも、なるほどもっともなことのように思われる。[3]

だが、『辨道書』全体につぶさに目を通せば、そこには春台が仏教に対して一定の理解ないしは敬意を払っているかの如き文言も散見される。

心法の説は佛道が本にて精微を極め候。宋儒の心法は佛道をまねて杜撰したる物にて候。根本似せ物なる故に、佛道の正眞なるに及ばず候。

佛道は五千餘巻の經論に種々の法を説き種々の敎を立候へ共、つゞまる所は心法を研くより外の事なく候。然る故に心法を辨じて、精微を盡せること毫釐を遺さず候。

あくまでも「心法」に限っての話ということにはなるが、春台は仏教の有する「精微」を尽くした論理性についてはこれを認め、「是甚奇妙なる事」と讃辞を贈ってすらいる。国家を十全に治める「聖人の道」を至上と捉える儒者の視座からすれば、たしかに仏教は「天下國家の爲に何の益も無く候へば、畢竟無用の敎」に過ぎぬものであったかもしれないが、それでもなお、そこには擁護すべき一抹の長所も見出されていたわけである。(4)

ところが、このように仏教に対して一定の評価を与える一方で、神道について述べる春台の口調は苛烈を極める。たとえば、「神道は實に聖人の道の中に籠り居候。聖人の道の外に別に神道とて一つの道あるにてはなく候。今の世に神道と申候は、佛法に儒者の道を加入して、建立したる物にて候」といい、またあるいは、

兼倶(5)は神職の家にて佛道に種種の事あるを見て羨しく思ひ、本朝の巫祝の道の淺まなるを媿ぢて、七八分の佛法に二三分儒道を配劑して一種の道を造り出し候。いはゆる牽强傳會と申物にて候。

と断ずる春台の言からは、神道を、既存の思想を切り貼りして作り上げただけの単なる折衷品として捉え、これを指弾せんとする意思がありありと見て取れるだろう。春台は、当代にあって大勢を占めていた神道――これは所謂儒家神道であるが――を、およそ児戯にも等しい「巫祝の道」に過ぎぬものといい、その説く所もみな総じて、「佛道に本づきて杜撰したる事」であると喝破する。ゆえに、かくも杜撰な教義しか持ち合わせていないとされる神道

は、春台にとっては、結局のところ「極て小き道」程度の価値しか有していなかったのである。

かつて荻生徂徠は、古文辞の徹底によって見出した「聖人の道」に唯一絶対の価値を置き、それにかかわる臆断や他思想からの影響の一切を拒絶した。而して、かかる徂徠学の態度を極めて厳正に、謂わば原理主義的に引き受けた―ただしそれはあくまでも徂徠学の道学的側面に於いてであるが―春台は、その師徂徠と同等か、あるいはそれ以上の厳密さをもって、神道否定の姿勢を顕わにしたのである。

神道といふ文字は周易に出候て聖人の道の中の一儀にて候を、今の世には巫祝の道を神道と心得候て、王公大人より士農工商に至るまで是を好み學ぶ物多く候は、大なる誤にて、以の外の僻事と存候。

という一節は、まさしく先述の如き立場から、古文辞によって瞭然となった歴史的事実を歪曲せんとする神道という存在そのものへと差し向けられた、憤激の奔出であったのだろう。この意味に於いて、神道一般は春台にとって唾棄すべき紛い物だったのである。

この、ほとんど存在否定ともいうべき様相を呈する春台の神道批判は、しかしながら、それ自体は本質的に国学の関知する所ではなかった。否、それどころか、かかる批判に同調する傾向をさえ有していたといえる。なぜならば、外来思想からの影響、とりわけ儒学由来のそれを拒否し、日本古来の、本来の姿を明らめようとする国学にとってもまた、当代神道の志向するところの抱合神道という存在定立の仕方は、到底許されるものではなかったからである。殊に、「世に神道者といふものの説おもむきは、みないたくたがへりと、はやくさとりぬれば」[6]といい、早い段階で既存の神道に対する不審の念を懐いていた宣長などは、『辨道書』に於ける神道批判について、「はなはた道理也と思ふ也」、「神道を論したるも道理也」と述べ、「まことに彼は眞の儒者也[7]」と、あくまでも自身の学問的立場に純粋であろうとする春台を称讃してすらいる。宣長にとっては、「儒佛にもまよはず、私智をまじへず、たゝ神典のまゝに心得て、これを用んこそ神道[8]」であると解されていたから、春台の神道批判には相共感するところ大であったのだろう。それゆえ、『辨道書』に向けられた反批判の様相は、「神道者も佛者も大にいかりて、又その辨書おほく出來たり[9]」と宣長が述懐する如くに、大勢は一書の内に直截の批判を被った、仏僧や神道家からのものだったのである。「国学者の古神道と徂徠学とは全く異なつた立場から、神儒の抱合に対して奇しくも共同戦線をはることとなつた[10]」という丸山眞男の言は、それぞれ別の側面から神道という共通の対象に矛先を向けるに到った、それ自体互いに対立を孕む両思想の奇妙な協調関係を鋭く衝いている。だが、一方で、真淵の『国意』が『辨道書』をその論敵に措定していたことは、動かし難い事実である。では、真淵をして『辨道書』への反駁を企図せしめたその誘因は、一体何だったのであろうか。

今ここに、その理由として「漢意」批判を挙げることは無論容易いことではある。前章で述べたように、国学が徂徠学の否定を通じてその存在を基礎的確立へと導いたことは閑却すべからざる事実であるし、その点を勘案すれば、徂徠学の純然たる継承者と目すべき春台を批判の対象とすることをしてその動機と捉えることについては、一定の信服が与えられて然るべきかとも思われる。だが、それはあくまでも春台を攻撃することに対する正当性を担保するに過ぎない。春台の著述は、何も『辨道書』だけに限らない。ゆえに、彼を批判したいのであれば、他の書物を反駁の対象としても構わないはずである。それどころか、『辨道書』が批判しているのは、仏教と神道であり、しかもその神道は、実に彼らの排拒すべき異思想との癒着の上に成立しているものであったはずである。しからば、宣長の如き称讃の域にまでは立ち到らずとも、与り知らぬとこれを傍観することはできなかったのだろうか。

この点、先に挙げた丸山の指摘と矛盾する観すらある。

このように考えた上に導かれる答えは一つ、『辨道書』の内に真淵の論難を差し招く蓋然性が存していたと見るほかはない。だとすれば、我々はまず、その原因となる箇所を見当てねばなるまい。

二　「道」のありか

前段で述べた如くに、『辨道書』に於ける如何なる点が真淵の批判を喚起するに到ったか、という問題関心を念頭に置きつつ、その文面に目を遣るときには、おのずと以下の件が注視されることになるだろう。

> 日本には元來道といふこと無く候。近き頃神道を説く者いかめしく、我國の道とて高妙なる様に申候へ共、皆後世にいひ出したる虚談妄説にて候。日本に道といふこと無き證據は仁義禮樂孝悌の字に和訓なく候。凡日本に元來ある事には必和訓有之候。和訓なきは日本に元來此事無き故にて候。禮義といふこと無かりし故に、神代より人皇四十代の頃までは、天子も兄弟叔姪夫婦になり給ひ候。其間に異國と通路して、中華の聖人の道此國に行はれて、天下の萬事皆中華を學び候。それより此國の人禮義を知り、人倫の道を覺悟して、禽獸の行ひをなさず、今の世の賤しき事までも、禮義に背く者を見ては畜類の如くに思い候は、聖人の教の及べるにて候。

ここでは一連の神道批判に随伴するかたちで、日本固有の「道」について、その存在そのものが否定されている。春台はここで、そもそも日本には何らかの独自性を持った「道」というものは一切存在しておらず、「異國と通路」した結果として齎された「聖人の教」によって、ようやくこの国にも「道」が敷かれるに到ったのだと主張する。つまり、日本の「道」は、「聖人の道」の敷き写しに過ぎぬというわけである。

この主張の根拠として、春台は「和訓」の有無を挙げている。この国にもとより存在している事物―これには当然概念も含まれる―には、皆ことごとく和訓が備わっている。しかるに、「道」の構成要素である「仁義禮樂孝悌」には、その和訓が存在しない。このことが、「日本に元來此事無き」ことの動かぬ証左であるというのである。とはいえ、かかる「道」否定の論理は、日本に於ける「道」が、「仁義禮樂孝悌」に基づく「聖人の道」と同様のものであるということを前提としており、厳密には、「聖人の道」とかかわることのない全き独自性を有した「道」の存在を否定することにはなり得ない。そしておそらく、春台自身もさような意味に於ける「道」を否定することを―少なくとも『辨道書』に於いては―想定していなかったものと考えられる。ここに春台が「虚談妄説」と断じているのは、文脈から判断する限り、「神道を説く者」らが主張している「我國の道」であると解せられる。したがって、当座の所に於いて、春台によって否定されている「道」というものは、儒家神道に於けるそれに的を絞っていると捉えてよいだろう。「日本には元來道といふこと無く候」という一文は、したがって、『辨道書』に一貫するところの神道批判の範疇を超出するものではないといえる。

ところが、真淵の『国意』には、まさしくこの一節に対して反撥を顕わにした言説が認められるのである。

　或人、此國の古へに仁義禮智とふことなければ、さる和語もなしとて、いといやしきことゝせるはまだしかりけり[11]、傍点を附した箇所は、先に挙げた「道」の否定、およびその根拠を述べる春台の言説そのものである。ここでいう「或人」が、春台その人を指すということは論を俟つまい。而して、かかる春台の「道」批判に反論して、真淵は以下のように述べる。

先唐國に此五のことを立て[12]、それに違うをわろしとしあへりけむ、凡天が下に、此五つのものはおのづから有こと、四時をなすがごとし、天が下のいつこにかさる心なからむや、

—中略—

別に仁義禮智など名付るゆゑに、とることせばきやうには成ぞかし、たゞさる名もなくて、天地の心のまゝなるこそよけれ、

この一節を中心として展開される真淵の主張を端的に纏めると、おおよそ次のようになる。儒学に於ける「道」、すなわち「聖人の道」が発生したのは、中国に於ける人心の悪化に由縁する。さような性情を有する人民を教導すべく、中国では「道」を形成する諸概念のそれぞれについて逐一呼称を与え、強いてこれを行わせる必要があったのである。これに対して上代日本では、世の中は平らかに治まっていた。それは、取りも直さず、日本の人民に備わる「なほき」性情ゆえである。「なほき」心のままに、人々は特段意識することなしに、儒学にいうところの「五のこと」を自然に実践していた。したがって、それら一々について事々しく名を附す必要もなかった。

先に述べたように、春台の「道」批判は、その対象を神道家らの説く「道」概念に限定していた可能性が高く、したがって、これに対して反批判を行うことは、儒学をその教義に反映させている既成神道を擁護する地平へと自

身を投げ込む危険性を伴うものである。また、「仁義禮智」という概念について、真淵はこれに「天が下に、此五つのものはおのづから有こと」、「天が下のいつこにかさる心なからむや」といった見解を与えているが、このことはかかる儒学的諸概念の存在を是認し、且つは自己の言説を構成するファクターをそれらの概念に依拠せしめることと、窮極的には同義ともいえる。真淵がどのような判断のもとにこの批判を敢行したかは定かではない。ただ単純に、春台の「日本には元來道といふこと無く候」という一文を捉えて、そこに自身の思い描く「道」を重ねての反撃―仮にそうだとすればこれは真淵の誤解に基づく拡大解釈ということになるが―であったかもしれないし、あるいはこうした問題点を認識した上で、それでもなお黙してはおれぬという強い意志が存していたのかもしれぬ。だが、いずれであったにせよ、真淵はこの発言で、漢意の害を払い去った純乎たる日本の姿を明らかにすべき旨を高唱する自身の国学思想を、ほかならぬ本人の手によって隘路へと追い込んでしまっているように思われる。とはいえ、真淵思想の問題点についてあれこれと想察することは、差し当たり本章の目的とするところではない。ゆえに、この点については、今はこれをとりあえず横に置き、論を先に進めることとしたい。

　さて、本章の企図に沿って、前掲した真淵の批判内容を眺め遣るに、着目すべきは何処であるか。それは、語の非在を理由にして、「道」の存在を否定しようとする春台に対して、古代日本にあっては、「道」というものは殊更にいい立てる必要もないほどに当然の概念であったとして、日本に於ける「道」の存在を、謂わば逆説的に証明しようと試みている点である。この定立論法は、真淵の「道」に纏わる言説に大きくかかわっており、また、「古の大御世には、道といふ言擧もさらになかりき」、「物のことわりあるべきすべ、萬の教へごとをしも、何の道くれの道といふことは、異國のさだなり」[13]と説く、宣長の「道」観念にも大きく影響を与えたものと思われる。

三　「道」とは何か

では、真淵のいうところの「道」、すなわち儒学移入以前の日本の「道」とは一体如何なるものなのか。『国意』の中では、「道」のありかたは以下のような文言でもって語られている。

> 凡世の中は、あら山・荒野の有か、自ら道の出來るがことく、こゝも自ら神代の道のひろごりて、おのづから國につきたる道のさかえは、皇いよ〱さかえまさんものを、かへす〱、儒の道こそ其國をみだすのみ、我すべら御國の古への道は、天地のまに〱丸く平らかにして、人の心・詞にいひつくしがたければ、後の人知えがたし、されば古への道、皆絶たるにやといふべけれど、天地の絶ぬ限りはたゆることなし、其はかりやすき唐の道によりて、かく成れるばかりぞや、

真淵の言に沿うならば、日本の「道」とは、何かしらの意図に基づいて秩序立てて敷設されたものではなく、さながら荒れ山や荒野の獣道の如くに自然と生じたものということになる。それでは、そのようなかたちで「おのづから」日本に発生し、広がっていたという「道」の、その内実はどのようなものなのか。このことを知ろうとするとき、我々はある事実に到らざるを得ない。その事実とは、真淵による「道」の説明が、「天地のまに〱丸く平らか」という言葉のみに尽きてしまっているということである。簡明直截にいえば、『国意』に於いて、真淵は

「道」についての具体相を描述していないのである。

この事態は、『国意』のみに留まらない。たとえば、「五意」の一翼を担う『書意』に於いても、「道」についての説明は、非常に抽象的なものとなっている。

かの聖の道てふいかなる時か行はれしや、皆やうなくこそ聞ゆれ、た丶我みかとには所せく名つくる事もなく、強て教る語もなくあなかちなるのりもなく、おのつから天地のまに〳〵治めならはし給へる道こそたうとけれ、[14]

ここでもまた、「おのつから」や「天地のまに〳〵」という説明が持ち出され、且つは、「名つくる事」、「強て教る語」、「あなかちなるのり」といった、作為的な所産の一切がそこから締め出されている。また、今一つ注目されるのは、真淵による「道」への言及に、中国ならびに儒学に対する批判が随伴してくる点である。前掲引用部のそれぞれについて、そこに「儒の道こそ其國をみだすのみ」や、「はかりやすき唐の道によりて、かく成れるばかり」、あるいは「かの聖の道てふいかなる時か行はれしや、皆やうなくこそ聞ゆれ」といった表現が附随していることからも明らかなように、真淵は自身の説く「道」の様相を、毅然とした論理構造に基づいたディテールを有する儒学の道と対照させることによって、さながら陰画のように描き出そうとしているのである。而して、真淵思想に於けるこうした「道」のありかたは、先に述べたような逆説的証明という方法に根差している。これはすなわち、「なまじにから文を見て、こ丶の神代の事をいはんとする、さかしら人多し、よりてそのいふ事虚理にして、皇朝の古への道にかなへるは惣てなし」[15]という批判の言に象徴的にあらわれているように、外来思想そのものはおろか、そうした思想に基づいて為された思惟のことごとくを、「さかしら」として括り出し、その「さかしら」を反照射した先に自己の思想を定立せしめようとする試みである。この詭弁すれすれともいえる論法は、しかしながら、儒学のもっともらしい教説とは裏腹に、絶えず武力による権力簒奪や王朝交代を繰り返してきた中国と、かたや一貫して天皇家を国家の頂点として保持し続けてきた日本という歴史的事実[16]に基づく現実妥当性を楯にすることで、対象の有用性を斥けつつ、また一方で相手方による正面からの反論を著しく困難にすることに成功している。

ただし、かかる方策は、真淵の思想自体に大きな制約を課すものでもある。儒学や、あるいはそれにコミットする思想、思惟様式を「さかしら」として批判することで描き出される真淵の「道」は、その「さかしら」の範疇に属する概念を援用して語ることを許されない。たとえば、先に引用した一節に於いて、真淵は「聖の道」について、それは一体いつ如何なるときに行われたものか、と疑問を呈した上で、「皆やうなくこそ聞ゆれ」と斬って捨て、それに対置するかたちでもって、「おのつから天地のまに〳〵治めならはし給へる」ような自国の「道」のありかたこそが尊いのだ、と述べている。そして、その際には、「名つくる事」、「強て教る語」、「あなかちなるもの」といったもの―これら諸要素が「聖の道」をかたち作るものであることは論を俟たない―が、それぞれ「〜もなく」という言辞を伴って、件の方法によって日本の「道」を素描するための、謂わば反射物として用いられている。だが、それは同時に、かつ即座に、これらの一切を真淵のいう「道」から排除せねばならないことをも意味する。だとすれば、ここに於いて切り離された名付けや教義教説、さらには規則や制度さえも、真淵の「道」概念には立ち入れないことになってしまう。各々の語に附された接頭辞、すなわち「所せく」、「強て」、「あなかち」のような語によって、ある程度の許容範囲を設けていると考えられないでもないが、仮にそうであったとしても、「道」を証明しようとする途に於いて、大きな障害となる枷を自らに嵌めてしまっているという事実は動かない。「道」

に纏わる言説を展開する際に、幾度にもわたって繰り返される「おのづから」や「天地のまに〳〵」という文言は、一見すると「道」の様相を語るようでありながら、踏み込んでそれ自体の内容を推し量ろうとするときには、極めて曖昧なものでしかない。それはひとえに、「道」を縁取るかような概念が、あくまでも「さかしら」の反照として措定されていること、そしてそれらを強いて言語化しようとすれば、そのこともまた、自身によって排除した「さかしら」に抵触してしまいかねないという事態に起因するものであるといえるだろう。

このように、真淵の立てた「道」概念は、そこに採用した定立構造と引き換えに招き入れた縛りゆえに、それ自体のみでは自己の実相を明確なかたちで他者に訴え掛ける術を持たぬものであり、この点、ある意味で致命的な陥穽といわざるを得ない。すなわち、真淵思想に於ける「道」という概念は、いくら彼が「天地の絶ぬ限りはたゆることなし」と力説してみせたところで、それが間違いなくあるという確証に足るだけの存在感、換言するならば「道」の輪郭ともいうべきものを、それそのものだけでは、第三者に対して十全に呈示し得ないような構造を採ってしまっているのである。先に述べた逆説的証明、あるいは反照射による自己定立というやりかたは、たしかに儒学批判の方途として、また、反批判からの防護策として、そこに一面でのアドバンテージを生みはしたが、それは他方に於いて、思想の凭れかかりを生ずるものでもある。而して、一旦寄り掛かってしまえば、それは自立を困難へと追い込む。ゆえに、真淵の「道」概念は常にその傍らに、凭れかかるための不動の軸として、儒学への反撥が添えられていなければならなかったのである。

勿論、今しがた述べたような、外来の異思想、とりわけ儒学に対する反撥姿勢が国学一般に通底する傾向であるということは、既に先学に於いて十分に論を尽くされてきたところであるし、何より国学者らの著作に少しく目を通せば自明のことである。したがって、今ここにまた、そのことを殊更にあげつらう必要があるのか、と思う向きもあるかもしれない。しかしながら、殊に真淵国学に於いて、この点は極めて重要な意味を持っている。なぜならば、かかる真淵の「道」は、ここまでに述べてきた定立方式を経由して、「古へ」と現在とを巡る真淵の自国理解そのものへと立ち到ることになるからである。

このことを詳しく考えるために、今一度、先に掲示した「道」のありかたを説く真淵の言説を眺めてみよう。

我すべら御國の古への道は、天地のまに〳〵丸く平らかにして、人の心・詞にいひつくしがたければ、後の人知えがたし、されば古への道、皆絶たるにやといふべけれど、天地の絶ぬ限りはたゆることなし、其はかりやすき唐の道によりて、かく成れるばかりぞや、

真淵は「道」について、「天地の絶ぬ限りはたゆることなし」といい、その存在を強調しているが、そこにある、事態が前提されていることを見逃してはならない。すなわち、「古への道、皆絶たるにやといふべけれど」とあるのがそれである。つまり、「道」のたしかな存在性を主張する真淵は、一方で、彼の生きる当代日本にあっては、その「道」がまるで絶たれてしまったかのように見える状況に陥っているという事実を肯定しているのである。このことは、後に続けられている「かく成れるばかりぞや」という文言からも明らかである。而して、真淵はそのような現実がたしかに存在してしまっていることに対しての責めを、「はかりやすき唐の道」に帰そうとする。

凡世の中は、あら山・荒野の有か、自ら道の出來るがごとく、こゝも自ら神代の道のひろごりて、おのづから國につきたる道のさかえは、皇いよ〳〵さかえまさんものを、かへす〳〵、儒の道こそ其國をみだすのみ、

かかる論調は、右に再掲した一節に於いても同様である。ここでは、「おのづから國につきたる道のさかえは、皇いよ〳〵さかえまさんものを」というかたちで、「道」と自国との関係性が述べられているが、傾注すべきは、その言及が反実仮想によって為されているという点であろう。荒れ地におのずから生じる道の如くに自国に跡付いた「神代の道」、その「道」が何らの作為も差し挟まれることなく広がり栄えてゆけば、我が国もおのずと栄えてゆくものを。このようにいうとき、真淵の中には、そうではない自国の現状というものが、紛れもなく意識されていたはずである。そして、「道」が広がる理想の状態とは異なる、現実の自国を暗示する一文は、「かへす〳〵、儒の道こそ其國をみだすのみ」という儒学批判の言によって引き取られるのである。

このように、真淵の採った、儒学批判に凭れかかったかたちでの思想定立は、「道」のありかを巡る言説の内に、理想と懸隔した自国のありさまを剔抉し、且つまたその現状を事実として認めることを、真淵に対して要請することになる。そしてそれを承認したとき、そこにはまた、その現状を生じた元兇を糾弾すべく、儒学批判が招来されてこなければならない。ここに一つの循環構造が認められはしないだろうか。

先にも少し述べたが、従来先学の多くは、国学一般の傾向として儒学批判を取り上げ、これを定式とすることで国学を語ってきた。そうした見立ては決して間違っているわけではないし、国学者らの言説の端々に見られる批判的な口吻から、かかる定式を引き出してくることは不自然ではないだろう。したがってまた、その定式に沿って国学を見る限り、それが他者を貶める傍らに自らを誇る、イデオロギッシュで偏狭な排外思想として受け取られてしまうことも、あるいは無理からぬことかもしれない。これまで国学に対して投げ掛けられてきた、「粗雑で狂信的な排外的国家主義」(17)や、「イデオロギー的残骸」(18)といった評価は、そのような視座に由縁するものであったろう。だが、そのような従来然とした定式の只中に国学者を次々と放り込み、一面的な解釈のもとに消化しきってしまうやりかたには、躊躇せざるを得ない。先に指摘したように、たとえば、真淵の儒学批判には構造的な循環性が認められる。この循環は、たしかにそれ自体で考えれば不毛なものかもしれないが、その循環の内に、「古へ」と現在とを巡る認識が惹起せしめられていることを看過すべきではない。真淵の儒学批判は、単に直線的、直情的な性質のものではなく、その思想構造に纏わる循環の先に、自国に於ける「古へ」と「今」という問題へと、そのまなざしを振り向けるものであったと解すべきではないだろうか。

而して、かかる循環構造のうちに立ち顕れてくる真淵の自国観は、その構造ゆえに、必然に下降史観としての性格を顕著に帯びることになる。

こゝの國は、天地の心のまに〳〵治めたまひて、さるちひさき理りめきたることのなきまゝ、俄かにげにと覺ゆることどもの渡りつれば、まことなりとおもふむかし人のなほきより、傳へひろめて侍るに、いにしへよりあまたの御代〳〵、やゝさかえまし給ふを、此儒のことわたりつるほどに成て、天武の御時大なる乱出來て、夫よりならの宮のうちも、衣冠・調度など唐めきて、万うはべのみみやびやかになりつゝ、よこしまの心ども多くなりぬ、凡儒は人の心のさがしく成行ば、君をばあがむるやうにて、尊きに過さしめて、天が下は臣の心になりつ、夫よりのち、終にかたじけなくも、すべらぎを島へはふらしたることく成ぬ、是みな、かのからのことのわたりてよりなすことなり、

「天地の心」に沿って治められ、「ちひさき理り」を持つこともなかった上代日本は、その環境下に生きる「むか

し人のなほき」性情ゆえに、繁栄を続けてきた。ところが、そこに「儒のこと」が移入してきたことで、そうした自国のありさまは変貌を遂げる。大乱が起こり、宮廷内は「うはべのみみやびやか」な唐風文化に席巻されてしまう。しかし、何よりの問題は、国民の内に、「よこしまの心ども」が蔓延ってしまったことであった。儒学流入を契機として、従来の「なほき」ありかたから「よこしま」で「さがし」い状態へと変じた人心は、遂に「すべらぎを島へはふらしたる」ことをも厭わなくなってしまった。自国の変遷について、以上のように分析する真淵の下降的な歴史観は、時代の推移に伴う歴史的事実に対して、ミクロな視点に基づく精微な検証を欠いており、歴史認識としては大雑把に過ぎるといわざるを得ない。清水正之が、同じく下降史観をもって日本の歴史を捉えた慈円の『愚管抄』を引き合いにだしながら、

真淵にあっては、『愚管抄』が「昔ヨリウツリマカル」道理を捉えようとしたという意味での、歴史的諸事実、あるいは歴史の推移についての細やかな洞察を求めることはできない。(19)

といい、真淵の歴史認識の傾向として、歴史の「中間項の無視」(20)を挙げていることは、極めて鋭い指摘であるといえるだろう。

ただし、真淵によるかような歴史像の構成が、そこに意図的な側面を有していた可能性を排除することはできない。ここに真淵の語る歴史構造は、「むかし人のなほき」から「よこしまの心ども」へと到る、国民の心性の劣化を強調すべく用意されたもののようにも思われるからである。「なほき」から「よこしま」への心の下降は、「天地の心のまに〳〵」治まっていた「古へ」から、その「古へ」には到底考えられなかった、「すべらぎを島へはふら

したる」という、衝撃的な越権行為を断行するまでに頽落してゆく、歴史の展開推移と重ね合わせられている。そして、かかる両者の二重写しの如き下降の構図は、その根源を「儒のこと」の移入に持つものとして描き出されている。すなわち、真淵の採る歴史認識は、これを心性劣化の構造と容易に重複視し得るかたちに敢えてデフォルメすることで、甲から乙への転化という極めて単純な図式を造出し、両者をこれに当て嵌めること、また、そのことによって、かかる転化を招いた劇的なターニングポイントとして、「儒のこと」を印象付け、もってその弊害を強烈に訴え掛けることを企図したものと考えられるのである。先に引用した一節が、「是みな、かのからのことのわたりてよりなすことなり」という再度の念押しによって締め括られていることからも、歴史を語る真淵の背後に、「儒のこと」、「からのこと」が、大きな意味を持って存在していることが諒解されよう。

　このような歴史の捉え方は、その構図のもとに、真淵の自国観に於いて二点の帰結を齎すものと思われる。まず第一点は、下降構造に於ける落差の強調である。清水正之の指摘した「中間項の無視」―本書に於いてはこれを意図的なものと見るが―は、歴史の下降を漸次的なものとして捉える観点を排除するものである。また、そこに儒学移入という明確な転換点が措定されていることによって、心直き「古へ」のありかたが、恰もその転換点を境に急転直下の勢いで悪化したかのような印象を生む。こうした急激な落差を随伴した下降観の創出は、翻って、劣悪化以前の「古へ」の価値を押し上げ、それを強固に理想化する方向性に一役買っているといえるだろう。二点目は、その理想化によって生じる「古へ」の断絶である。真淵の歴史観は、既述のように、その転換点として儒学の存在を強硬に打ち出している。ゆえに、同じく先述した急激な落差を見せる下降史観とも相俟って、儒学流入以前と以降との間には、決定的な断絶が横たわることとなる。而して、儒学の存在が両者を画期する唯一の価値判断基準として用いられている以上、その流入以降の歴史は、本来ならばその時代ごとに有しているはずの意義の一切を相対化せられ、その延長線上としての「今」へと収斂する。この歴史の相対化が、件の「中間項の無視」と深く結び合うものであることは言を俟たない。つまり、真淵思想に於いては、中間項にあたる歴史は、そもそもその価値を問う性質のものとして認識されていなかったのである。

四　「古へ」と「哥」

かくして、「道」を巡る循環の内に意識される自国は、先述の二点を基層として、理想的な「古へ」と、そこから切り離され相対化された歴史の、その収束としての「今」とが、儒学移入という断層を挟んで向かい合うかたちで立ち顕れてくる。だとすれば、真淵をはじめとした、「今」の地平に足をつけている者たちは、その断層によって分かたれた理想の「古へ」を、彼岸のものとして眺め遣ることしかできないということになりはしないか。また、その「古へ」を形成する「道」も、結局のところ、遠く対岸に目を遣ったとき、辛うじてそこに存在の痕跡を認められる程度のものに過ぎないのではないか。

だが、先に見たように、真淵は「道」の断絶を否定している。では、真淵がそう断言する根拠は一体何なのだろうか。その究明の足掛かりとなるのが、「古へ」と「今」についての、次のような言及である。

　そも〱いにしへを今にし今を往古になすことは豊芦原の國ぶりなり[21]

ここに、真淵は「古へ」と「今」との往還可能性を明瞭に認める発言をしている。このことから、彼にとって、

「いにしへを今とし、今を往古になす」が如き往復運動は、「豊芦原の国ぶり」のもとに、その通路を保証されているものとして観念されていたといえるだろう。とはいえ、かかる古今の往復というものが、そこに横臥し、両者を限る件の「断層」を無媒介に跳躍するようなものとして想定されていたとは考えられない。もし、この「断層」が何らの媒介もなしに通路できるものであったとしたら、その原因である儒学に対して、殊更にその弊害を言い募る必要などないではないか。執拗なまでに繰り返される儒学批判の言は、真淵がそれを、「古へ」と「今」とを隔てる確固たる障害として認識していたことを如実に物語っている。さらば、「古へ」と「今」とは、その往復にあたって、何かしらの紐帯をもって架橋されねばならない。「今」を生きる人々が、そのままの状態では隔絶された彼岸としてある「古へ」へと立ち到るためには、「断層」を越える手段が必要となるはずである。では、ここにいう手段、すなわち「古へ」と「今」との間の仲保という役割を、真淵は何処に求めたのだろうか。

真淵が「天地の絶ぬ限りはたゆることなし」という文言でもって、「古への道」の断絶を否定したことは先に見た通りである。而して、かかる件には、それに先立って、「人の心・詞にいひつくしがたければ、後の人知えがたし、されば古への道、皆絶たるにやといふべけれど」という一文が見えるが、これは、この世の続く限りは決して絶えることのないはずの「古への道」が、恰も失われてしまったかのように感ぜられる、その理由を語るものにほかならない。つまり、「今」の世にあって、「断層」が変わらず「断層」として存在し続けているのは、「人の心・詞にいひつくしがた」いものであるがゆえに、「今」の人々がそれを「知えがた」いからなのである。しかしながら、真淵の言葉に沿うならば、それはあくまでも知り得難いものなのであって、知り得ないものとはされていない。このことは極めて重要である。古代の「人の心・詞」を知らないことが、「古への道」が「皆絶たる」ものであるという誤認へと繋がっているのだとすれば、それは翻って、「心・詞」を知ることが、「古への道」の存在性への確信を齎すということと同義である。だとすれば、それを知るということについて、「知えがた」いという言葉によって可能性が認められている限り、そこでは「古へ」と「今」との往還運動についてもまた、同じくその可能性を是認されることになるはずである。

前段までの考察によって、「古へ」へと到るには、古代の「人の心・詞」を知る必要があるということを確認した。このことが、真淵の考える「古へ」と「今」との往還運動の内実を解くにあたって、我々に大きな示唆を与えるものであることは疑いない。だが、これだけではまだ十分とはいえぬ。次に問われねばならないのは、「後の人知えがたし」とされる、「人の心・詞」をいかにして知り得るのか、という点である。この点が解消を見ない限り、我々は例の「断層」上に途中まで架けられた橋―しかもそれは「今」の側を起点としていない―を目の前にして、ひたすら足踏みを繰り返すことになる。

かかる疑問に対して、その答えを示す言説が『国意』には認められる。

是らは、古への哥の意・詞をあげつろふまゝに、人はたゞ哥の言とのみ思ふらむや、其いへるごとく、古への心・詞也、古への哥もて古の心・詞をしり、それを推て古への世の有様を知べし、古の有様をしりてより、おしさかのぼらしめて神代のことをもおもふべし、

「古への心・詞」を知る術は何か。この一節に於いて、その答えは明白である。すなわち、ここに真淵自身が、「古への哥もて古の心・詞をしり、それを推て古への世の有様を知べし」と説明するように、「古への哥」によって「古への心・詞」を知ることこそが、「古へ」へと到る手段なのである。

五　「哥」とは何か

今しがた見たように、真淵は「古へ」に向かう手立てとして、「古への哥」を挙げる。ここにいう「哥」が、我が国固有の文化としての「やまとうた」、「和歌」を指すことは論を俟たない。だが、真淵がそれを単に「哥」とはせずに、わざわざ「古への哥」と述べていることは看過すべからざる点である。この語をもって、真淵は意識的に「哥」の範囲を限定しようとしているものと思われる。それでは、真淵は「古への哥」と呼ぶに能う範囲をどのように規定するのか。まずはこの点を、『邇飛麻那微』に於いて展開されている、「哥」に纏わる言説を手掛かりとして探ってみたい。

いにしへの哥は調をもはらとせり、うたふ物なれば也、そのしらべの大よそは、のどにも、あきらにも、さやにも、遠くらにも、おのがじゝ得たるまに〳〵なる物の、つらぬくに高く直き心をもてす、且その高き中にみやびあり、なほき中に雄々しき心はある也、

右に掲げたのは、『邇飛麻那微』の冒頭部である。元来「うたふ物」であるとして、「哥」に於ける「調」の意義を強調する真淵は、特に「いにしへの哥」の「調」を貫流するものとして、「高く直き心」を見出している。而して、この「高く直き心」とは、文字通り「高さ」と「直さ」を基調としながらも、決してそれのみには拘泥せず、「高さ」の内に「みやび」を、あるいはまた、「直さ」の中には「雄々しき心」を包含するような、柔軟性を有した

ものとして語られる。ここに示される「高く直き心」の柔軟なありかたは、後に続く「よろづのものゝ父母なる天地は、春夏秋冬をなしぬ、そが中に生るゝもの、こをわかち得るからに、うたひ出る哥の調もしか也、又春と夏と交り、秋と冬と交れるがごと、彼此をかねたるも有て、くさ〳〵なれど、おの〳〵それにつけつゝ、よろしきしらへは有めり」という説明のされかたからもわかるように、直接的には、「おのがじゝ得たるまに〳〵」うたわれるものであるという「古への哥」の特質へと回収されるものであるが、その先には、当時に於いて大勢を占めていた、儒的教戒観に束縛されたリゴリスティックな歌学への反撥が存しているものと思われる。前掲引用部には、「直き」についての頭註が書き添えられており、そこには、「直きといふ中に、邪にむかふと、思ふ心の強く雄々しきと、心に思ふ事をすさびいふとの三つあり、……古人は思ふ事、ひがわざにても隠さず哥によめる、此直きにぞ」とある。真淵にとっての「直き」ありさまとは、たしかに質朴さや素直さには違いないが、それが必ずしも儒学にいうような規範的な倫理性へと向かうものとはされていなかった。彼のいう「直さ」は、詰まるところ「まに〳〵」という言葉で言い表されるものにほかならない。ゆえに、それはまさしく「おのがじゝ得たる」ままに任せて、「邪にむかふ」ことも有り得るわけである。だが、真淵にとって、人の心が「邪にむかふ」ことは否定の対象とはならない。たとえ心が邪な方向へと向かい、その結果として心に思うことが「ひがわざ」であったとしても、それを恥じたり、虚飾で覆い隠したりせず、包み隠さず歌にして表出することこそが、「古への哥」が「古への哥」としてあるために必要な「直さ」なのである。

　では、このように、「高く直き心」を核として定義される「古への哥」に値するものは何か。先の一節の内容を承けて、真淵は次のようにいう。

しかれは古への事を知る上に、今その調の状をも見るに、大和國は丈夫國にして、古へはをみなもますらをに習へり、故万葉集の哥は凡丈夫の手ふり也、

ここに見える「丈夫」、「ますらを」は、雄々しく立派な男子をいう語である。したがって、「丈夫の手ふり」とは、まさしくそこに雄々しさを有するとされた「高く直き心」に基づく詠風の謂にほかならない。而して、ここに「丈夫の手ふり」であるとされているのは、「万葉集の哥」である。続く文脈に於いては、この「丈夫の手ふり」による萬葉歌と対比して、「古今哥集の哥」が持ち出されるが、「山背國はたをやめ國にして、丈夫もたをやめをならひぬ、故古今哥集の哥は、専ら手弱女のすかた也、」というように、その歌風は女性的な「手弱女のすかた」であるとされる。

「手弱女のすかた」、すなわち「たおやめぶり」に彩られた「古今哥集」に対して、真淵はこれに厳しい批判の言を投げ掛けている。

仍てかの古今哥集に、六人の哥を判るに、のとかにさやかなるをすかたを得たりとし、強くかたきをひなひたりといへるは、その國・その時のすかたをすかたとして、ひろく古へをかへり見さるもの也、ものは四つの時のさま〳〵有なるを、しかのみ判らは、只春ののとかなるをのみとりて、夏冬をすて、たをやめふりによりて、ますらをすさみをいむに似たり、

「六人の哥を判る」というのは、古今集の仮名序に於ける、俗に「六歌仙」と称される六人の歌人に対する評価

を述べた箇所を指してのものであろう。仮名序では、在原業平について、「その心あまりて言葉たらず。しぼめる花の、色なくてにほひ残れるがごとし」[22]とする一方で、小野小町には「あはれなるやうにて、強からず。言はば、よき女の悩めるところあるに似たり」[23]と、肯定的な評を下している。真淵の価値観から推して考えるに、仮名序にいう、業平の「心あまりて言葉たら」ぬ歌風こそが、真淵の理想とする「丈夫の手ふり」に適うものであったはず[24]であり、他方、小野小町の如きは、まさに「手弱女のすかた」ということになるだろう。ゆえに、「のとかにさやかなるをすかた」を評価し、「強くかたきをひなひたり」とする、謂わば「たをやめふりによりて、ますらをすさみをいむ」ような仮名序の「哥」解釈は、「その國・その時のすかたをすかたとして、ひろく古へをかへり見さる」、誤った見方とされるのである[25]。

　このように、萬葉集に「丈夫の手ふり」を、古今集に「手弱女のすかた」を、それぞれその特質として比定した真淵は、古今集の仮名序に於ける「哥」解釈についての言及を通して、「哥」に対する価値観や評価の推移、すなわち「ますらおぶり」から「たおやめぶり」への変遷を説く。そして、その変遷はそれそのままに、自国の「国ぶり」の変遷へと振り向けられ、語り出される。

そも〳〵上つ御代〳〵、その大和國に宮敷まし〳〵時は、顯には建き御威稜をもて、内には寛き和をなして、天の下をまつろへまし〳〵からに、いや榮にさかえまし、民もひたふるに上を貴みて、おのれもなほく傳はれりしを、山背の國に遷しまし〳〵ゆ、かしこき御威稜のや〳〵おとりにおとり給ひ、民も彼につき是におもねりて、心邪に成行にしは、何その故とおもふらんや、其ますらをの道を用ゐ給はす、たをやめのすかたをうるはしむ國ふりと成、それがうへにからの國ぶり行はれて、民上をかしこまず、よこす心の出來しゆゑぞ、真淵はいう。「丈夫國」である「大和國」に宮を構えていた時代には「いや榮にさかえまし」ていたはずの自国は、「たをやめ國」である「山背の國」に遷宮したことで、天皇の有する威力である「御威稜」に衰えを生じさせてしまった。これは、この国が「ますらをの道を用ゐ給はす、たをやめのすかたをうるはしむ國ふりと成」ったことに起因している。そして、「御威稜」が衰退したことに重ねて、そこに「からの國ぶり」が入り込み、人々の心はもとの「なほき」ありかたから、「邪」へと成り下がってしまったのだ、と。

かかる件に於いて、ここまでに暗に示されてきた「ますらおぶり」と「たおやめぶり」の価値の位相は、人の世の下降衰退を語る言説の内に浮き彫りにされる。ここに人心の頽落の誘因として語られる「たおやめぶり」が、真淵にとって否定されるべきものであったこと、もはや多言を要すまい。されば、その「たおやめぶり」を基調とする「古今哥集の哥」もまた、真淵の理想とする「古への哥」としての価値を有していないということになるだろう。それゆえ、「古への哥」を巡る一連の言及は、「古今哥集出てよりは、やはらびたるをうたといふとおぼえて、をゝしく強きをいやしとするは、甚じきひがことなり」という古今集的価値観の否定を伴いつつ、「万葉集を常に見よ」という言葉によって引き取られねばならなかったのである。

このように見たとき、真淵のいう「古への哥」が、萬葉歌を指しての謂であるということが、おのずと諒解されるだろう。このことを明らかにするという目的に限定すれば、本節に於けるここまでの論は、いささか迂遠かつ冗長に過ぎた感は否めないが、真淵の「哥」認識の基柢を確認するという点では、それは必ずしも無駄な作業ではなかったはずである。

さて、ここまでに得た「古への哥」についての前提を携え、我々は次にその「古への哥」、すなわち萬葉歌と、「古へ」とのありかたについての考察に移ろう。

あはれ〳〵〳〵、上つ代には、人の心ひたふるになほくなむ有ける、心しひたぶるなれば、なすわざもすくなく、事し少なければ、いふ言のはもさはならざりけり、しかありて、心におもふ事あるときは、言にあげてうたふ、こをうたといふめり、かくうたふも、ひたぶるにひとつ心にうたひ、こと葉もなほき常のことばもてつゞくれば、續くともおもはでつゞき、とゝのふともなくて調はりけり、かくしつゝ、歌はたゞひとつ心をいひ出るものにしありければ、いにしへは、ことよむてふ人も、よまぬてふ人さへあらざりき、(26)

ここに言われている、「上つ代」の「ひたふるになほくなむ有ける」人心のありさまは、『邇飛麻那微』に於いて「哥」の本体に据えられていた「高く直き心」と、その軌を一にするものだろう。子安宣邦は、この「ひたふる」という語に特に着目し、その有する意義を次のように分析している。

ここで真淵は「上つ代には、人の心ひたぶるになほくなむ有ける」といい、また「ひたぶるにひとつ心にうたひ」というように、「ひたぶる」という語をもって特異な心情のあり方を構成している。

——中略——

「ひたぶる」という語の用例は『源氏物語』などに多く見出すことができる。「盗人などいふ、ひたぶる心ある者も、思ひうありの寂しければにや」(蓬生)とか、「おとなおとなしく、ひたぶるにすきずきしくはあらで」(蛍)など。いずれも一途であるような心根をいっている。しかしその用例に見る一途な心のあり方は「盗人」におけるような心根であり、あるいはひたすらな好きものにおける心根であって、決して肯定的な心情をいうものではない。「直情」がそうであるように、周囲への配慮を欠いた一途な心とはむしろ偏ったネガティヴな心情であるだろう。

だが真淵はこの「ひたぶる」な心を万葉的世界という表象の核をなすべき新たなポジティヴな心情概念として再構成しようとする。すなわち歌が人の心のストレートな表出であるような心情の直接性、衝迫性をいう概念として。(27)

この指摘は、先に見た、「高く直き心」の内実とも近しく通い合うものといえる。『邇飛麻那微』に於いていわれていた「直さ」もまた、「邪にむかふ」という「ネガティヴな心情」を包摂し、それを否定せぬものであった。而してこのことは、「ひとつ心」という概念とも重なり合うだろう。正か邪かといった志向性によって心情を区別するのではなく、それが虚偽をまじえず、「ひとつ心」として直截的なものである限りは、真淵にとってはみな一様に「直き」ものとして肯われるのである。

真淵の描く理想の「古へ」とは、かような古代人の「ひたぶる」で「直き」心情に基づいて構成される世界であった。そしてそれはまた同時に、そのような率直な心情が、正邪の別なく、常に表出されている世界であらねばならなかった。なぜなら、あらゆる心情は、それを心中に押し留め、覆い隠してしまうことによって、「ひとつ心」としての性質を消失してしまうからである。『邇飛麻那微』の中で、真淵はこの世に生きるものについて、「よろづのもの、父母なる天地は、春夏秋冬をなしぬ、そが中に生る、もの、こをわかち得る」といっていた。それゆえ、世の中は、「春と夏と交り、秋と冬と交れるがごと、彼此をかねたる」ようなありかたが、最も自然なのである。このことは、人間の心情に於いても同様に適用され得る。だからこそ、真淵にあっては、心が「邪にむかふ」こと自体は問題とされなかった。真に問題なのは、それを表に出さずに隠してしまうことなのである。

而して、この偽らざる心情の表出こそが、「哥」にほかならなかったというのが真淵の見解であった。真淵は、「哥」の本来的なありかたを、「心におもふ事あるときは、言にあげてうたふ、こをうたといふめり」、あるいは「歌はたゞひとつ心をいひ出るもの」と説いている。そして、「古へ」にあっては、そうした「哥」による心情表出の実践は当然の行為であった。「こととよむてふ人も、よまぬてふ人さへあらざりき」とされているように、それは殊更に「うたを詠む」というかたちで意識して行われるものですらないほどに古代人の生活に密着した行為であり、それゆえ「哥」を詠まないという状態など、「古へ」に於いてはそもそもあり得なかったからである。

このように、「古への哥」である萬葉歌のうたわれていた「古へ」は、古代人の生活と「哥」とが極めて密接に結びついていた時代として観念された。真淵の描いた理想的な「古へ」、すなわち萬葉の時代は、まさしく子安宣邦のいうように、「人の生活の場が直ちに歌の場であり、生活の言葉が直ちに歌の言葉でもあり、生きる人の心が直ちに歌の心でもあった世界」であり、「人の生の言語的表出が直ちに歌でありえた世界」(28)だったわけである。だが、本章に於いて既に見てきたように、かような萬葉的世界はいずれ頽落を蒙る。

遠つ神、あがすめらぎの、おほみ繼〳〵、かぎりなく、千いほ代をしろしをすあまりには、言佐敝ぐから、日の入國人の心ことばしも、こきまぜに來まじはりつゝ、ものはさはにのみ、なりもてゆければ、こゝになほかりつる人の心も、くま出る風のよこしまにわたり、いふ言の葉も、ちまたの塵のみだれゆきて數しらす、くさ〳〵になむなりにたる、故いと末の世となりにては、歌の心・ことばも、つねのこゝろ・言ばしも異なるものとなりて、歌としいへば、しかるべき心をまげ言葉をもとめとり、ふりぬる跡をおひて、わがこゝろを心ともせずよむなりけり、真淵が「から（漢）」に対して、「言佐敝ぐ（ことさへぐ）」という枕詞を附して語っているのは、『歌意』が文字通り「うたのこころ」を説く、歌論であるゆえの措置だろうか。否、おそらくそれだけではない。ここに、言語不通の意を持つ「言佐敝ぐ」をわざわざ被せたのは、「から」を異質な他者、換言するならば、萬葉的世界に闖入し、これを堕落せしめた招かれざる異物として、批判的に暴き出すという意図あってのことだろう。(29) さような「異物」である「から」や、「日の入國」(30)の「心ことば」の流入は、あらゆる物事が「さは（多）」な状態へと、この国を変えてしまった。このことは、「心しひたぶるなれば、なすわざもすくなく、事し少なければ、いふ言のはもさはならざりけり」とされた萬葉的生のありかたに歪みを齎し、その歪みによって、「なほかりつる」人の心は「よこしま」なものとなり、「言の葉」も「みだれゆ」くことになる。それは、人々に於ける「つねのこゝろ・言ば」の変質であり、このことはただちに、その表出であったはずの「歌の心・ことば」が変質することでもあった。

すなわちここに到って、「哥」はもはや本来そこに有していたとされる意義を喪失し、人間的生との直接的なかかわりを持たず、且つはそこから遊離した存在となる。

歌としいへば、しかるべき心をまげ言葉をもとめとり、ふりぬる跡をおひて、わがこゝろを心ともせずよむなりけり、

かかる「末の世」の「哥」が、「心におもふ事あるときは、言にあげてうたふ」ものとされ、またあるいは「ひたぶるにひとつ心にうたひ、こと葉もなほき常のことばもてつゞく」といわれた「哥」の本義といかに懸隔したものであるか、贅言を要すまい。理想の「古へ」としての萬葉世界と、それとは対極に位置するといっても過言では

ないほど異質なものとなってしまった「末の世」との間の、その拭い難い差異を目のあたりにした真淵は、悲嘆を言明して憚らない。

いでや天地のかはらふ事なきまに〳〵、鳥もけものも艸も木も、いにしへのごとならぬしなきをおもへば、人のかぎりしも、なぞやいにしへと今とことなるべき、人てふものは、うたてさかしら心もて、かたみにあらそふほどに、おのつからよこしまにならひきて、世中もうつらふめり、

恒久不変の天地に抱かれている万物は、鳥獣草木に到るまで、何一つとして「古へ」から変わることがないのに、なぜ人に限って、「古へ」と「今」とで異なるありさまにならねばならないのか、と真淵はいう。人の世の変遷は、天地の運行に従って「直く」生きるという本質を忘れ、人が自ら「よこしまにならひ」、それを選び採ってしまったがゆえの帰結にほかならない。天壌無窮の世界にあって、ただ人の世のみが、強いて自身を頽落へと追い遣ってしまったのである。(31)かかる「よこしま」の横溢する後世に於いては、「哥」はもはや、かつてのような生の直接的表出としての位相には留まり得ない。「なほき常のことば」を用いて、「ひとつ心」をいうものであった「哥」は、その心をひた隠し、あるいは押し曲げ、立派な言葉を選び設けて詠まれる、単なる遊戯としてのそれへと転落してしまった。真淵の思う「古へ」は、人の生と「哥」とがただちに結び合うような、両者の相即性のもとに構築された世界であり、その意味に於いて両者は等質であった。すなわち、人の世の衰退は「哥」の衰退であり、「哥」の衰退は人の世の衰退であるにほかならない。だからこそ、真淵の言説上では、両者の衰退は相寄り添うかたちで語られねばならなかったのである。(32)

だが、一方で「そをひと度わろしと思はむ人、なぞやよき方に、移ろひかへらざらむ」とあるように、真淵は、かかる世の現状を、「ひと度わろし」と思う意識が生まれれば、それを挽回することも不可能ではないということを示唆している。而して、その挽回の手立ては、真淵本人によって呈示されていた、「古への哥」から「古への心・詞」を知るというプロセスの内に存しているものと考えられる。

先に明らかにしたように、真淵にとって「古への哥」とは、古代人の生の直接的表出であり、極言すれば、「ひたぶる」で「高く直き」古代人の心情そのものであった。ゆえに、頽落しきった「今」の世にあっても、その現状を、延いてはそれを招いた漢意を「わろし」として自覚し、それを払い去った上で「古への哥」を見れば、そこには純然とした「古への心・詞」が立ち顕れてくるのである。まさしく真淵も、次のようにいっているではないか。

> 古哥てふ物の言をよく正し唱ふる時は、千年前なる黒人・人麿など、目のあたりによめるを聞くにひとしくて、古への直ちに知るゝ物は古への哥也、且古へ人の哥は、ときにしたがひて、おもふことをかくさずよめれば、その人々のこゝろ顕は也、さる哥をいくもゝも常に唱ふるまゝに、古へのこゝろはしかなりてふことを、よく知り得らる、

つまり、「古への哥」のありさまを正しく知って、これを唱えることは、「千年前なる黒人・人麿など、目のあたりによめるを聞くにひとし」いことなのである。「古への哥」を知り、「古への心・詞」を知ることは、古代人の「ひたぶる」な「高く直き」心情のありかたを、「今」に身を置きつつ追体験することと同義を為す。この、「古への哥」を通した古代人の心情の追体験こそが、儒学流入を契機として生じた「断層」を越えて、「古へ」と「今」

とを架橋し、「いにしへを今とし、今を往古になす」、あの往復運動の正体だったのである。だからこそ、真淵は確信に満ちた口調でこう断言するのである。「古へをおのが心言にならはし得たらんとき、身こそ後のよにあれ、心ことばゝ上つ代にかへらざらめや[33]」と。

結

本章に於ける考察によって、真淵思想に於ける二つの自国像、すなわち「古へ」と「今」との分立という問題の内実と、それに対する真淵の向き合い方について、おおよそのところを看取することができたかと思う。つまり、真淵はこれを「古への哥」をもって架橋することで解消しようとしたのである。したがって、彼の提唱するその方途は、必然に徹底して擬古的な姿勢を採ることになる。たとえば次の一節などには、そのことが明確に表されているといえよう。

万葉集に四千餘の數なむ有を、言はみやびにたる古こと、心はなほき一つごゝろのみになんありける、かれまづ此よろづのことの葉にまじりてとし月をわたり、おのがよみづることのはも心も、かの中にもよろしきに似まくほりつゝ、顯身の世の暇あるときは且見且よみつゝ、このなかに遊ばひをるほどに、いにしへのこゝろことばの、おのづからわが心にそみ、口にもいひならひぬめり、

真淵をはじめとして後世に生きる人間は、「顯身の世」にありながらも、古代人たちの「心はなほき一つごゝろ」

を湛えた萬葉の歌々を、暇あるにつけて見たり、あるいは口に出して詠んだりすることで、「いにしへのこゝろことば」が「おのづからわが心にそみ、口にもいひならひぬ」ようになるというのである。これはすなわち、如上の作業によって「古へ」を追体験し、もって自身の内面を上代のそれへと変化させようとする、謂わば擬古的な手段に基づく心情改変にほかならない。しかもそれは、「このなかに遊ばひをる」という表現が端的に示すように、萬葉歌を味わうという行為を通して、厖大なる「みやびにたる古こと」の海の中に己が身を沈潜させるという、極めて個人的且つ内的な営みである。而して、かかる擬似的な上代との一体化こそが、

いにしへの哥はよろづの人の眞心なり、その眞ごゝろをいふ故由をしるときは、何かしく物あらむ、教への道もあれど、常にしもならはしがたければ、時過て忘れやすきを、哥はいとまある時にみづからよむものからに、教へずしてなほくまごゝろになりぬめり、是ぞ此かしこき神皇の道也ける。[34]

といわれるように、「教へ」を押し付ける儒学的な「道」に対して、「みづから」歌を詠むという行為に基づく「かしこき神皇の道」として見出されたのである。

だが一方で、かように擬古的な志向性を示す真淵の言説は、結局のところ、どこまで行っても「古へ」を理想化し、「今」を頽落したものと見做す価値観を前提し続ける。同じ自国であっても、あくまでも「古へ」は「古へ」として、「今」は「今」として分断されて扱われるがゆえに、本章に於いて述べた件の「断層」は依然として残存し続け、それらが一貫した自国として肯定されることはない。しかも、このような態度を堅持する限り、真淵のいう「古への哥」は、個人の心情を頽落した現状に於けるありかたから理想的な「古へ」のそれへと転向させるため

のものであるということになり、それはやがて教化の意味合いを帯びることになる。だとすれば、その意味で真淵のいう「神皇の道」もまた、畢竟「教への道」ということになりはしないか。たしかにその手法は異なっている。しかしながら、教化という点からすればそこに果たしてどれほどの違いがあろうか。真淵は「教へ」というものを厭い、それを否定しようとするあまりに、自ら別の「教への道」を立てるという自家撞着に陥ってしまっているように見える。

また、先に指摘した如く、真淵の説く「古への哥」を通した「古へ」と「今」との往復は、個人的且つ内的な性質のものである。したがって、彼には自己の外側にある「今」そのものを肯定的なものに転じようとする何らかの働きかけを考える姿勢や、あるいは現状が好転する可能性というものに対する期待感が非常に稀薄であったように見受けられる。たとえば、『国意』には次のような記述が見える。

或人云、さいふ所は理りなれど、猶いと上つ代のことにして、今の世に手ぶり大にかはりて、人の心邪に成ぬれば、いかで昔にかへすことを得むや、然らば、其時のまに〳〵よろしう取なすべし、古の事、今は益なき事なりと、

これに対して真淵は、

答、誠にしかこそは誰もおもへ、凡軍の理りをいふにも治國をいふにも、先其本をとゝのふることをいへり、然るに、其君の心によりていく万もとゝのふるを、多くの人のうち、さるよき君のうまれこんはかたし、其よ

からぬ君の心のまゝに、したがひまつりごつに、よきことのあらむやは、たま〳〵よき君の出むをまちて、万つはいふのみ、其如く、もし上に古へを好みて、世のなほからんをおぼす人出來む時は、十年・二十とせを過ずして、世は皆直かるべし、

と答えている。すなわち、「今」に対する真淵の意識は、「たま〳〵よき君の出むをまちて、万つはいふのみ」という一文の内に尽きているといってよい。かかる消極的な「今」への言及からは、ある種のペシミズムすら漂っているように見える。

真淵の自国認識はさながら、垣根を隔てた隣家の庭に咲く美花を羨みながら、自身の庭は荒廃していると嘆くが如きものである。どちらも同じ大地に建っているには違いないのに、真淵にとっては彼我の価値には歴然たる差異が生じてしまっているのである。このように考えれば、その羨望や悲嘆によって惹起せられる強い非難の念が、両者を分かつものとされたその垣根、すなわち儒学の存在へと向くのも無理からぬことのようにも思える。ところで、かような真淵の認識からは、あるものが想起されてはこないだろうか。それはほかでもない、前章に於いて一つ重要な問題であった思想上の「華夷秩序」の存在である。儒学の内部に身を置く限りは打破することの叶わなかったこの問題を解消するにあたって、儒学に依らぬ独自の価値観に立脚して為された真淵の言説が大きな役割を果たしたということは既に述べた。だが、たしかに恢復されたかに見えた「思想的主体としての自国」は、今度はその立役者である真淵が自身の思想上に於いて自国を「古へ」と「今」とに屹然と分立せしめたことによって、自国そのものの手をすり抜け、「古へ」という限定的な範囲へと付託されてしまった。あにはからんや、真淵国学はその内部構造を覗き込んでみれば、あの思想的華夷秩序とさして変わらぬ構図を有してしまっているではないか。

理想的な何かを羨み慕い、他方で自身の置かれた現状を嘆くというそのありかただけを見れば、両者にさしたる違いはないように見受けられる。謂わばその敬仰すべき対象が中国から上代日本へと差し替えられたに過ぎぬ。客観的に見れば、どこまでいっても他国である中国から、歴史的ならびに場所的に連続性を有する日本へと、その仰ぎ見るまなざしの向く先が転じたということは大きな一歩であるといえるだろうが、それでもやはり「今」をも含めた自国のさまを諾うという境地には立ち到っていない。前章に於いて、かかる問題についてこれを「二面の解消」といったのはこのことゆえである。先述した「教へ」を巡る自家撞着も併せて、真淵が否定せんと企図した従来の問題点が、期せずして彼の国学の内に構造的に引き継がれてしまっているのは、何とも皮肉なことである。

　加えて、真淵国学にはもう一点大きな問題が看取される。本章での考察の途上に於いて既に示し置いたように、彼の国学思想、わけてもそこでいわれる「道」の概念は、逆説的証明という否定的手法を契機として立ち上げられたものであるがゆえに、その実相を単独で語ることが非常に困難な状況へと自身を追い込んでしまっていた。而して、この点を解決する手立てとしては、そこに新たな思想的拠所を持ち込んでくるほかはない。真淵国学にとっては、「古へ」というのがこれにあたるだろうか。だが、そこにはまた新たな障碍が付き纏う。それは、かかる「古へ」がなぜ理想的な世界を構築し得ていたと断定できるのかということ、換言するならば、「古へ」を理想化してかかる態度の正当性を保証する客観的な根拠の所在を巡る疑義の浮上である。真淵の規定する「古へ」のありさまは、彼が提唱するところの「古への哥」による接近というその方途が個人的且つ内的なものであるということも相俟って、主観的な解釈に大きく傾いているきらいがある。そして、仮にそれが真実であったとして、その旨を弁証しようにも、そこに真淵自身が「さかしら」として排除したものを少しでも援用してしまえば、それは即座に思想の自壊を意味することになる。このことに対して、真淵はどのような方策を採ったか。

彼が選択したのは、自身の思想と同様の傾向を持つもの、より具体的にいえば、儒学を批判し、且つ古代を称揚する姿勢を有する思想を持ち出し、もって自身の思想の傍証とすることであった。すなわちここに、真淵思想の老荘思想への接近という事態が立ち顕れてくるのである。無論、真淵思想に於ける老荘思想の影響については、先学が既に度々言及しているところであり、周知の事実であるといえる。ところが、管見の及ぶ限りでは、そうした先行研究に於いて為されている言及のほとんどは、真淵の国学的言説にはたしかに老荘思想の影響が認められるとか、あるいはまた、そのきっかけとなったのは儒者でありながら老荘を積極的に研究した渡辺蒙庵にかつて真淵が師事していたからであろうとかといった、表面的な事実の確認に留まるものでしかない。だが、かかる老荘思想との関係は決して軽んじられるべきものではない。なぜなら、真淵の言説と老荘思想──真淵が持ち出すのはほとんど『老子』の言説であるが──との内実を詳しく見るとき、そこにはいくつかの大きな問題が潜んでいるものと考えられるからである。よって次章では、真淵思想と老荘思想とを見比べながら、如上の問題を明らかにしてみたいと思う。

（1）以下、太宰春台『辨道書』についての引用部はすべて、『日本倫理彙編　第六巻』（育成会、一九〇三）、二〇四～二一九頁に拠った。

（2）ただし、かような排仏的口吻は、春台に特有の傾向ではなく、それどころか、その師荻生徂徠に端を発するものですらない。殊に丸山眞男の指摘する如くに、儒学の側からの仏教への排撃姿勢は、藤原惺窩とその高弟林羅山らによって、儒学がその従来然としたありかたから一個の独立した学問へと発展せしめられる、まさしくその過程に於いて胚胎したものと理解せねばならない。

（3）武部善人『太宰春台』吉川弘文館、一九九七、六三頁。

（4）とはいえ、本文にて先述の如くに、仏教の「心法」は、抑え難い妄念を強いて抑えようとするものであり、畢竟その身に禍を招くものとされている。したがって、「心法」によって心身を安んずる行為は、春台にあっては推奨されない。春台によれば、「聖人の道」には心をよく治める術は説かれていないものの、その道に則り、「禮義を守れば心おのづから治」まるのであり、「佛法にて假初に妄念を起すをも戒むるにくらべ候へば、禮を守るは甚易き事」であるとして、儒学を採るべき由が説明される。

（5）神道家の卜部兼倶（一四三五―一五一一）を指す。彼の創始した吉田神道は、神仏儒の思想を混淆した上に成立しており、その点では、まさしくかかる春台の神道批判に於いて、第一に槍玉に挙げられるべき人物であったといえる。

（6）本居宣長『玉勝間』（『本居宣長全集　第一巻』所収、筑摩書房、一九六八）、八六頁。

（7）鉤括弧内はいずれも、『講後談』（『本居宣長全集　第十四巻』所収、筑摩書房、一九七二）、一八〇頁。

（8）同、一八三頁。なお、片仮名はすべて平仮名に改めた。

（9）同、一八〇頁。

（10）丸山眞男『日本政治思想史研究』東京大学出版会、一九五二、一五六頁。

（11）以下、賀茂真淵『国意』についての引用部はすべて、『賀茂真淵全集　第十九巻』（続群書類従完成会、一九八〇）、七～二七頁に拠った。

（12）この一連の論述に於いて、真淵は儒学の「道」の構成要素を「仁義禮智」としているが、一方で「此五のこと」と述べている。恐らくは、「仁義禮智」のほかに「信」の概念を想定し、併せて五つと計上しているのだろう。

（13）鉤括弧内はいずれも、『直毘霊』（『本居宣長全集　第九巻』所収、筑摩書房、一九六八）、五二頁。

（14）賀茂真淵『書意』（『賀茂真淵全集　第十九巻』所収、続群書類従完成会、一九八〇）、一八六頁。

（15）賀茂真淵『邇飛麻那微』（『賀茂真淵全集　第十九巻』所収、続群書類従完成会、一九八〇）、二〇五頁。

（16）勿論、このような歴史解釈は今日の歴史研究の水準から見れば、極めて一面的な捉え方であり、その妥当性を疑問視する向きも当然あるだろう。ただし、ここに於いては、たとえば、「夏殷周とかいふ世をあけて治れりし代のことくさとすれと、それもそのよをうはひ得て初國しりたる君なとのしはしのほとのみそ謀にもさる様をしつらめ、やかてその子・うまこた〻なくこそ有けれ、」（賀茂真淵前掲『書意』一八六頁）や、「かのから國はやつこか立てみかと〻なれは、しはらくは勢ひになひくたみくさにこそあれ、たれかはわかすへらきとおもはん、又やつこか立出ん心をこそ下にはおもはめ、さるからに臣は君をなけらにし、その臣も家人にはおそはれつ〻、いつか穏かなる日あらんや、」（同）のようなかたちで分析される中国と、天皇家を存続させてきた日本という、真淵の歴史解釈を酌んだ上で、このような表現を用いている。

（17）加藤周一『夕陽妄語Ⅱ』朝日新聞社、一九九〇、九二頁。

（18）西郷信綱『国学の批判』未來社、一九六五、二七八頁。

(19) 清水正之『国学の他者象　誠実と虚偽』ぺりかん社、二〇〇五、八七頁。
(20) 同、九〇頁。
(21) 賀茂真淵『樂家至要大概序』(『校本賀茂真淵全集　思想篇　下』所収、弘文堂書房、一九四二)、八六四頁。同文書中には、「古へを今にし今をいにしへにする事は我國ぶりなり」(同、八六五頁)という文言も見えている。
(22) 佐伯梅友校注『古今和歌集』岩波書店、一九八一、一八頁。
(23) 同、一九頁。
(24) こうした歌風は、「上つ代には、人の心ひたふるになほくなむ有ける、心しひたぶるなれば、なすわざもすくなく、事し少なければ、いふ言のはもさはならざりけり、しかありて、心におもふ事あるときは、言にあげてうたふ、こをうたといふめり」とする真淵の価値観と合致するものといえる。
(25) しかしながら、仮名序全体の論調を見れば、それは萬葉を頂点とした下降的な評価体系を採っている。仮名序は、柿本人麻呂を「歌の聖」、山部赤人を「歌に、あやしく妙なりけり」としてそれぞれ絶賛しており、それ以外の歌人についても、「この人々をおきて、又、すぐれたる人も、呉竹の世々にきこえ、片糸のよりよりに絶えずぞありける」として、萬葉を極めて高く評価している。一方で、それ以降については、「いにしへのことをも歌をも、知れる人よむ人多からず」という前提のもとに、「近き世にその名きこえたる人」として件の六名を挙げ、各人について短評を加えているわけであるが、その評価はおしなべて低く、大伴黒主に対してなどは、ほとんど悪口雑言ともいえるほどである。だが、この六名以外が、「このほかの人々、その名きこゆる、野辺に生ふるかづらのはひ広ごり、林にしげき木の葉のごとくに多かれど、歌とのみ思ひて、そのさま知らぬなるべし」という言のもとに切り捨てられていることによって、彼等は辛うじて、仮名序に於いて最低限の評価を保証されている。
(26) 以下、賀茂真淵『歌意』についての引用部はすべて、『賀茂真淵全集　第十九巻』(続群書類従完成会、一九八〇)、四〇～四七頁に拠った。
(27) 子安宣邦『江戸思想史講義』岩波書店、二〇一〇、二七四頁。
(28) 同、二七五頁。
(29) 真淵は、『歌意』の他の箇所に於いても、「或はことさへぐよその國」(前掲、四一頁)、「言さへぐ國々」(同、四四頁)と表記している。
(30) 子安宣邦は、この一節に言及する際に、「人の世の衰退は、「言さへぐ」の枕ことばのかぶせられる異国(漢)からの漢字文化の導入がもたらした帰結としてここでは語り出されている。「日の入国人の心ことば」がこの国に混入した結果……」(子安宣邦前掲書、二七九頁)と述べ、「から」と「日の入国」とを同一視して解釈している。しかしながら、真淵の言説に於いては、中国は「日放る國」と表現されるものであり、「日の入國」とされるのは天竺である。この点、『語意』に於いて、「日さかる國」に「もろこしをいふ」、「日のいる國」に「天竺をいふ」と、それぞれ註が附されていることからも明らかである。また、『歌意』の当該箇所にも、「言佐敝ぐから、日の入國人の心ことば」が、「こきまぜに來まじはりつゝ」とあり、これは複数のものが「扱き交ぜ」になって日本にやってきたと解せられる。したがって、かかる一文は、「言佐敝ぐからと日の入國人との心やことばが綯い交ぜになって」という意にとるのが妥当であると思われる。

(31) かような主張は、他の書物に於いても同様に看取される。たとえば、「おほよそ天つちの中に、鳥も獸も草も木も、むかし・いまとかはるはあらぬを、人てふもの、ならはしのみことになりにて、そのならはしのわろきをもわきまへぬは人也」（賀茂真淵『文意』（『賀茂真淵全集　第十九巻』所収、続群書類従完成会、一九八〇）、八四頁）、「天地日月のかはらぬまゝに、鳥も獸も魚も草も木も、古のごとくならざるはなし、是はなまじひにしるてふことのありて、おのがしゝ用ひ侍るより、たがひの間にさまぐ〜のあしき心の出來て、終に世をもみだしぬ」（賀茂真淵前掲『国意』一二頁）など。

(32) 「哥」の頽落と世の衰退とに牽連を認める、かような歴史認識は、真淵の独創ではない。彼に先駆けて、契沖は既に『萬葉代匠記』の惣釈の中で、「和哥は浅深を兼て、上は神明仏陀にも通し、下は凡民までを教ふ。天下の治乱と和哥の興癈、ともに運をひとしうすと見えたり。」（『契沖全集　第一巻』岩波書店、一九七三、二一六頁）という見解を披露している。

(33) 賀茂真淵『万葉集大考』（『賀茂真淵全集　第一巻』所収、続群書類従完成会、一九七七）、二頁。

(34) 賀茂真淵前掲『邇飛麻那微』二〇四頁。

第三章　継承と超克

序

前章に於いては、真淵の「古へ」への認識を究明することを考察の中核に据えて論じてきた。そして、その考究によって浮かび上がった新たな問題点を結部に示し、前章を締め括ったわけであるが、本章ではまずその新たな問題の起点となるもの、すなわち真淵思想と老荘思想との関係性が如何なるものであったかということを明らかにし、その上で、真淵の講じたかかる他思想への接近が、どのような問題を孕むものであるかという本質を問うてみたいと思う。前章末尾で述べたように、本章に於いて考察の中心とするこの問題については、従来あまり深く追求されてこなかったが、その実国学の展開に於いて非常に重要な意味を持つものであり、したがって、決して等閑に附すことが許されるような問題ではないものと思われる。なぜならば、このことが真淵国学の致命的な問題点を形成しているという事実もさることながら、それが結果的に彼の弟子である宣長の国学思想にも重大な影響を及ぼしたものと考えられるからである。

一　『老子』への接近

「皇朝の古はたゞ老子の意などは似たる事あり」[1]。自らがこう言明するように、真淵の思想、就中「古へ」やそこに於ける「道」の認識には、老荘思想の影響が多分に存しているものと思われる。前章で既に見たように、真淵は自説の内に幾度にもわたって「おのづから」や「天地のまに〳〵」という表現を持ち出していた。いうまでもなく、彼の文脈に於いては、「おのづから」は「自然」という義で用いられているし、またあるいは、「天地のまに〳〵」というのは、天地自然の運行に従うことであり、それは畢竟人智の「さかしら」に由来する「作為」を持ち込まぬようなありかたとしていわれていた。ここに、所謂「無為自然」を旨とする『老子』の影を見ることは、決して難しいことではないだろう。しかも、真淵にはかかる思想に触れ、これを学び得る機会があった。彼が分家である岡部政長のもとに養子に出された先で師事した渡辺蒙庵は、医学を小川朔庵に、朱子学を中野撝謙に学び、後に同じく撝謙の門下であった太宰春台についた儒者である。蒙庵は春台門下でありながら、詩文派の服部南郭とも親しく交わり、経学に関する書は残さずに、詩歌や史書、易学などの注解を専らとするような、広い学問的興味を有する人物であった。彼はまた、老荘の思想についても興味を持っていたらしく、『老子愚読』、『老子口義愚解』、『荘子口義愚解』といった書を著している[2]。したがって、かような学識を持つ蒙庵に学んだ真淵が、蒙庵を通して老荘思想に触れた可能性は十分に考えられることであるし、このことは先学によって指摘されているところでもある。

そして事実、真淵はその著書の端々で、老子への共感を覗かせている。

かしこに、ものしれる人の作りしてふをみるに、天地の心にかなはねば、其道用ひ侍る世はなかりし也、よりて老子てふ人の、天地のまに〳〵いはれしことこそ天が下の道には叶ひ侍るめれ、そをみるに、かしこもたゞ古へは直かりけり、[3]

本節冒頭に引いた一文に於いては、「似たる事あり」という、あくまでも類似点が存するかのような表現に過ぎなかったが、右の一節では、もはやそのような域には留まっていない。ここで真淵は、老子の説いていることこそが、「天が下の道」に適うものだと断言している。この一節が見える『国意』は、第二章で確認したように、「道」や「古へ」といった真淵思想に於いて極めて枢要な地位を占める概念を語るべく物された著書である。その『国意』の中で、かような言及を行っているということから見て、真淵は『老子』の思想によほどのシンパシーを感じていたのだろう。先に真淵には老荘思想への影響が存すると述べたが、彼に於けるそれは、影響というよりはむしろ共鳴とする方が、より正鵠を射ているかもしれない。而して、かかる共鳴を彼に惹起せしめたのは、単に『老子』の「無為自然」なる思想が自身の思い描く「古への道」と近似したものであったという点だけではなかったように思われる。「古へは只詞も少く、ことも少し」、「心しひたぶるなれば、なすわざもすくなく、事し少なければ、いふ言のはもさはならざりけり」といって、言葉が率直且つ寡少であることに価値を見る真淵にとって、「多言數窮（第五章）」[4]、「言善信（第八章）」、「信言不美、美言不信（第八十一章）」と説く『老子』の言語観は相通ずるところ多かったであろうし、あるいはよき治世のありかたを、「君は天が下のおろかにならねば、さかえたまはぬものにて侍り」、「人皆さとければ、かたみに其さときをかまふるにつけて、より〳〵によこしまのおこれるなり」という愚民性に求める真淵と、「是以聖人之治、虛其心、實其腹。弱其志、強其骨。常使民無知無欲、使夫知者不敢爲也。（第三章）」、「古之善爲道者、非以明民、將以愚之。（第六十五章）」とする『老子』の政治観は実に近しく通い合う。このほかにも、華美驕奢に傾く風潮を厭う姿勢や、過剰な制度を敷くことの余弊を説く口ぶり、時代の変遷に伴う逓次的な世の頽落を認める下降史観など、その類似点は枚挙するに遑のないほど多岐にわたっている。このことからも、真淵の思想に及ぶ『老子』の影響がいかほどのものであったかが知れよう。而して、真淵がこれほどまでに自身の思想の内に『老子』の言説を容れたその背景には、かかる言説が儒学の標榜するリゴリズムに対する反撥姿勢を有していたという点が大きく作用していたものと考えられる。前章に於いて述べたように、真淵の唱導する「古への道」は、儒学の齎す「さかしら」を否定することを契機として語り出されるものであった。真淵国学はそれ自体のみでは拠って立つべきものを持たぬ、謂わば凭れかかりの思想である。さらに、その思想的営為の先に真淵が辿りついたのは、儒学移入という歴史的契機によって厳然と画期された、理想の「古へ」と頽落した「今」という二元的世界観―しかもかかる分断線を引いたのはほかならぬ真淵その人である―のもとに、「今」に身を置く立場から「古へ」に思いを馳せるが如き古代憧憬の立場であった。さらばこの古代をこそ彼の思想的拠所と呼ぶべきか。だが、その「古へ」すらも、かの「古への道」と同様にして、「さかしら」の横溢する「人の心の悪き國」である「から國」の反照たるを一歩も出ていない。その上、その「古へ」は「古への哥」から引き出されねばならないという。(5) たとえどれほど厳密に古語を明らかにしたところで、そこから確実に獲得できるのは、「古への哥」に詠まれている内容に過ぎない。そこから進んでそれを詠んだ古代人の心を、さらに敷衍して古代を生きた人々の心を感得するとなれば、それはもはや主観によるものとせねばなるまい。かかる主観の産物が、一体そこに幾許の妥当性を確保し得るか。極言すれば、真淵の説く「古へ」のありさまは、それ自体では彼の主観に基づく仮構として断ぜられたところで、その批判を甘受せねばならぬ類のものではないだろうか。

しかし、だからこそ、真淵がその思想的拠所をいずこかに求めようとすることは、蓋し自然な展開であるともいえる。しかもそれは、自身の思想の要となる点、すなわち真淵国学定立の条件である儒学批判の姿勢と尚古主義の傾向とに牴牾せぬもの、別のいいかたをすれば、その両者を含み持つものでなくてはならない。而して、真淵はかかる条件に充当する思想として、『老子』を見出したのではなかったろうか。『老子』は、福永光司がこれを、

「君子は下流に居るを憎む」といったのは孔子であるが、老子はその「下流」をこそ無為の聖人の居るべき場所とする。あるいはまた「之を知るを之を知ると為せ」と教え、「直を以て怨みに報いよ」と教えたのは孔子であるが、老子は「之を知る」をも「知らず」とし、「怨みに報いるに徳を以てすること」を教える。

―中略―

老子は孔子の価値観をさえ世俗的なものとみて、それを顚倒させるのである。(6)

と分析するように、儒学的価値観をことごとく顚倒せしめ、逆説をもってして「道」を語る。「聖人不仁、以百姓爲芻狗。（第五章）」などは、かかる反儒的傾向を如実に物語る一節といえよう。このように、まるで儒学を逆立ちにしたかの如き『老子』の言説が、同じく儒学批判によって自己を定立せしめる真淵の国学的言説のありかたと如何に近しいものであるか、もはや多言を要すまい。

また、同じく『老子』には、古代を尊ぶが如き件がいくつか見受けられる。

執古之道、以御今之有。

能知古始、是謂道紀。（第十四章）
古の道を執りて、以て今の有を御す。
能く古始を知る、是を道紀と謂う。

自今及古、其名不去、以閲衆甫。
吾何以知衆甫之狀哉、以此。（第二十一章）
今より古に及ぶまで、其の名去らず、以て衆甫を閲す。
吾れ何を以て衆甫の狀を知るや、此れを以てなり。

ここに挙げた二例などは、古代のさまを称揚しているといわばいえよう。殊に、前者の内容は、上代に於いて我が国に施された治世のありかたこそ、天下を安んずる道であると説く真淵の主張によく適っているようにも見える。このように、真淵と老子との思想には、相似通った点―それが本質に於いて同定し得るほどのものであったかは別としても―が多く存しており、且つはその批判の対象や、理想とするものについても同じ方角を向いていたわけである。恰も自身の思想と相似するかの如き容貌を持つ『老子』の思想を援用するに、真淵は吝かではなかったはずである。しかも、彼はその外なる思想的拠所を、自らが排撃すべき対象として措定した、中国由来の思想の内に見出したのであった。獅子身中の虫ではないが、これは真淵にとっては我が意を得たりといった心情であったに違いない。彼は、「漢意」を排した上古を理想化して捉える自身の見解の正当性について、『老子』という傍証を得たのである。「老子てふ人の、天地のまに〳〵いはれしことこそ天が下の道には叶ひ侍るめれ」と宣言した直後に、

「そをみるに、かしこもたゞ古へは直かりけり」といったのは、かかる確信の深さの発露としての謂にほかならない。その意味で、まさしく彼は、「古代を理想化してかゝる彼の徹底した古道の方法の模範を、自然を理想化してかゝる老荘哲學の方法に讀みと」り、「方法論上老荘哲學の祖述者を以て任じた」[7]といえるだろう。

二　『老子』受容の問題点——解釈の妥当性を巡って——

このように、真淵は老荘思想を受容することによって、自身の言説の抱える構造的問題を補わんとしたわけであるが、それは一方で、その内に新たな問題を招き込む行為でもあった。第一に、真淵が老荘思想を肯定したことは、傍から見れば彼のいう「漢意」排除が、自身の思想上に於いて不徹底なものとなってしまっているのではないかという評価へと繋がるものである。いかに『老子』がその言説に於いて儒学批判を展開していたにせよ、それが中国で誕生した思想であるという事実は動かない。何より、中国を「唐國は心わろき國（『国意』）」や、あるいは「人の心の悪き國（『語意』）」と定義し、その文物の一切を否定したのはほかならぬ真淵自身であり、こうした否定の言辞の上にこそ、「天皇万代を嗣給ふ、皇朝こそ天下に勝れたれ（『語意』）」という主張は成立していたはずである。しからば、自身の定義するところの「心に八十枉つ事を隠し、言に百のよき事を飾れる（『語意』）」国の中にあって、なぜ老子だけが例外たり得るのか。本章冒頭に引いた「似たる事あり」程度の表現であれば、まだ弁解は可能であろう。だが、老子が「いはれしことこそ天が下の道には叶ひ侍る」とまで言い切るほどの傾斜を見せる真淵の「古への道」は、果たして真に「皇朝の古へ」として独歩の地位に架上するに堪え得るものだろうか。そもそも、真淵はその著書の中で、「さがなき他國とむつひそめつるつひへこそ甚しけれ（『語意』）」と、他国の説を引き入れることの禍を自ら説いているのである。かかる安易な『老子』摂取は、もはや自死的ですらあるといわねばなるまい。

第二に、真淵による『老子』解釈の妥当性の問題がある。たしかに、両者の言説には多くの類似点が認められはするが、無論の如く両者は同一の思想ではない。したがって、そこに真淵の主張と相違する点、あるいは十全にそぐわない点が生じてくるのは避け難いことである。自説と調和し得ない言説について、真淵がこれに言い及ぶことをせず、口を噤んで閑却する姿勢を採るのであればまだよい。勿論、自身に都合の良い箇所のみを意図的に抽出しているという批判は免れないだろうが、先に述べたように「似たる事あり」の次元に留めておきさえすれば、返ってその差異を自国の独自性として押し立てるような方向性で強弁することも、あるいは不可能ではなかっただろう。たとえば、治者の為政のありかたについて真淵は、

唐人は、上なる人は威をしめし貴をしめすといへど、おろそけなるをしめすはよし、尊きをしめすはみだるゝはし也、其威をしめすは、ものゝふの道の外なし、是をわすれずして行ふべし、ことに我すべら御國は、此道もて立たるをみよ、

と、「ものゝふの道」に基づく尚武主義を唱導している。ここに見えるような、「威」を示すことをよしとして、「貴」を示すことを斥ける考えは、『老子』の「民不畏威、則大威至。……是以聖人自知不自見、自愛不自貴。（第七十二章）」という言説と同根を成すものといえるだろう。だが、同じく『老子』には、「善爲士者不武（第六十八章）」と見え、これは「ものゝふの道」とは軌を異にする発言であるといえる。この点について真淵は一切言及し

ていないが、無暗に擁護せぬだけまだ穏当であり、既述の如き弁解の余地を残し得ているといえなくはない。しかし、真淵の『老子』解釈を巡って真に問題となるのは、上述のような齟齬の黙殺ではない。これよりさらに深刻な問題としてあるのは、真淵が『老子』の言説に附会して説を成してしまっているという点である。

から國にては、只老子のみぞ眞の書なる、それに幼を崇む、老是に次、壯は惡とす、今三國を考るに、我朝は日出の國にて、人幼に當故、諸眞にして世治、天竺は日沒の國にて、人老に當故に、人心精くして賢し、からは日中の國にして、人壯に心悪故世不治、滅」主て己立、遂に他にうばはる、然れは萬我朝をこそ崇むべけれ、彼老子、既此國の古へのならはしの如きを願へり、然れば天の下に、此國の古へばかりよろしきはなかりけり、時有てから文を傳へは、かの老子にてこそあらめ、武王主を滅して後掟てし道を傳へしより、此國に邪心多くなりこし也、(8)

これは『語意』からの引用であるが、ここで真淵は、中国に於いてはただ『老子』のみが「眞の書」であるとの見解を披露した上で、その書の中に「幼を崇む、老是に次、壯は惡とす」る言説が展開されているといっている。而して、今ここに真淵が持ち出している老子の説というのは、おそらく以下に掲げる『老子』第五十五章の記述を指しての謂であると考えられる。

含德之厚、比於赤子。
蜂蠆虺蛇不螫、猛獸不據、攫鳥不搏。

骨弱筋柔而握固。
未知牝牡之合而全作、精之至也。
終日號而不嗄、和之至也。
知和曰常、知常曰明、益生曰祥、心使氣曰強。
物壯則老、謂之不道。不道早已。(9)

徳を含むことの厚きは、赤子に比す。
蜂蠆虺蛇も螫さず、猛獣も據まず、攫鳥も搏たず。
骨弱く筋柔らかくして握ること固し。
未だ牝牡の合を知らずして全作つは、精の至りなり。
終日號きて嗄れざるは、和の至りなり。
和を知るを常と曰い、常を知るを明と曰う。
生を益すを祥と曰い、心、氣を使うを強と曰う。
物、壯なれば則ち老ゆ、之を不道と謂う。
不道は早く已む。

この章は、無為自然の「道」を体得した「含徳」の者を、「赤子」のさまに准えて語るものである。これと同様に、『老子』に於いては、道の体現者を嬰児に譬える文言が散見される。たとえば、

載營魄抱一、能無離乎。專氣致柔、能嬰兒乎。（第十章）
營魄に載りて一を抱き、能く離るること無からん乎。氣を專らにして柔を致し、能く嬰兒たらん乎。

我獨怕兮、其未兆、如嬰兒之未孩。（第二十章）
我れ獨り怕として、其れ未だ兆さざること、嬰兒の未だ孩わざるが如し。

爲天下谿、常德不離、復歸於嬰兒。（第二十八章）
天下の谿と爲らば、常德離れず、嬰兒に復歸す。

などがそれである。したがって、真淵がいうように、『老子』が「幼を崇む」態度を闡明しているということは、ひとまず肯ってよかろう。だが、「老是に次、壯は惡とす」という点はどうだろうか。『老子』中に、「老」「壯」の語が用いられているのは、管窺の及ぶ限り二例である。その内の一つは、前掲した第五十五章の「物壯則老、謂之不道」という件に於いての出来である。また、今一つは第三十章であるが、そこに於ける「老」「壯」は、第五十五章と全く同じ、「物壯則老、謂之不道」という一文の中での用例である。而して、この第三十章では、「赤子」ないし「嬰兒」の語は用いられていないことから、真淵がその主張の根拠として参照した『老子』の節は、第五十五章に限定されるものと推断し得る。この「物壯則老、謂之不道。不道早已。」という件について、福永光司は「物はすべて威勢がよすぎると、やがてその衰えがくる。これを不自然なふるまいという。不自然なふるまいは、すぐに行きづまるのだ。」(10)とし、蜂屋邦夫は「ものごとは勢いが盛んになれば衰えに向かうのであり、このことを、道にかなっていない、というのだ。道にかなっていなければ早く滅びる。」[11]という訳をあてている。すなわち、「壯」は物事の威勢がよい状態を、対して「老」は衰え、衰退を指しての謂であり、『老子』ではかかる「壯」から「老」への推移を「不道」とし、「不道早已」と結論しているわけである。たしかに、物事は「壯」なるがゆえに「老」へと向かうのであるから、かかる帰結を導く誘因として「壯」を悪と捉えることは可能であろう。しかしながら、この件に於いて、果たして「老」は「壯」より上位に定置されているといえるであろうか。第五十五章の表現を見る限り、老子は「壯」から「老」、すなわち隆盛から衰退までの一連をして「不道」と規定しているように見受けられる。さらに、「壯」から「老」という「不道」の先には、「滅び」あるいは「行きづまり」としての「已」が待っている。この「已」が、「幼」ならざる状態に陥った先に待つ隘路あるいは終局であるとするならば、そこに到る原因はひとえに「不道」そのものということになるだろう。だとすれば、かかる「不道」とは、「壯」も「老」も含み合わせての意であるから、両者に対して優劣を認めることは難しいのではないだろうか。

しかも、『語意』に於ける真淵の老子解釈は、彼が比較検討を行うフィールドとして選択した、「我朝」と「から國」、そして「天竺」からなる三国的世界認識のもとに敷衍せしめられ、且つはその「幼」「壯」「老」の概念は、それぞれに「日出の國」「日中の國」「日沒の國」として、太陽の運行に准えた地理的条件へとあて嵌められ、各国の評価へと結び付けられている。さらに、そこに於いて、「日沒の國」である天竺は『老子』の「老」に比せられているが、それに対する評価は「老に當故に、人心精くして賢し」というものである。つまり、真淵の認識では、『老子』に於いて、無為自然の道を体現する「幼」のありかたが至高であり、その道から逸れて物事を「老」へと進ましむる「壯」は「幼」と対極の位置に存する「悪」である。かたや「老」は、「壯」という悪徳が為されたゆえのやむなき状態であり、しかもその内実は「人心精くして賢」きものであるから、「壯」よりは上位であるということになるのだろう。だが、『老子』全体を俯瞰してみても、「老」ないしはそれに充当するような概念や立場について、真淵の主張するようなかたちで評価した文言は一箇所も見当てることができない。したがって、「幼を崇む、老是に次、壮は悪とす」とする真淵の老子解釈は、彼による全くの誤解か、あるいは恣意による曲解としなければならないだろう。而してこの場合、『語意』全般にわたる論脈に照らして考えると、真淵がこの『老子』の件を自身の論旨に引き付けて解釈していると見るのが妥当であると思われる。『語意』については後に章を改めて触れるので、ここで詳しく論ずることはしないが、『語意』はその冒頭部に於いて、

これの日いづる國は、いつらのこゑのまに〳〵ことをなして、よろつの事をくちづからいひ傳へるくに也、それの日さかる國は、万つの事にかたを書てしるしとする國なり、かれの日のいる國は、いつらはかりのこゑにかたを書て、万つの事にわたし用る國なり、

と、既述した三国的世界認識を披瀝し、そこから自国と「から國」、「天竺」との言語を比較することを通して、自国を最上位に、次いで天竺、そして最下位に中国を定置することを目途とした書である。やや乱暴ないいかたをすれば、この書は言語論的比較研究の体を借りた自国優位の主張であり、且つまた漢意排撃を企図した論であるといってもよいだろう。すなわち、『語意』に於いて専らに比較されるのは自国と中国であり、天竺はかかる二国の比較の内に垣間見えるそのあからさまさを陰伏するための緩衝材、悪くいえば当て馬として持ち出されているに過ぎない。ゆえに、『語意』に於いて天竺は、日本と差し向かって比較される場合には日本より劣っているとされるが、それ以外の文脈にあっては、不自然なほどに優遇され、擁護されている。かような見立てに沿うならば、先に

引用した一文に於いてもまた、真淵が真に押し出したい主張は、「幼」に准えた自国と、「壯」に比定した「から國」について、自国は「人幼に當故、諸眞にして世治」る国であるのに対して、中国は「壯」であるがゆえにその人心も悪しきものであり、したがって、「世不治、滅〻主て己立、遂に他にうばはる」ような国である、という点に存しているものと考えられる。

この、三国をそれぞれ「幼」「壯」「老」に准える方針が、『老子』第五十五章の記述からの着想なのか、それとも各々を「日出の國」「日中の國」「日沒の國」として比較する発想自体はもともと真淵の中にあって、そこに『老子』の説を援用してきたものなのか、その点は定かではない。しかしながら、それがいずれであったにせよ、真淵が自身の主張に合致させるべく、「老」の解釈に手心を加えてしまっているという事実は揺るがない。当該箇所に於ける真淵の『老子』解釈は、自説に強く引き付けてのものであると考えるほかはなかろう。

而して、かくの如き臆断の疑いは、最も根本的な「道」や「古へ」の概念に対しても同様に差し向け得るものであるといえる。真淵が『老子』に於いて説かれる無為自然なる道のありかたや、尊古主義的言説に深い共感を寄せていたであろうことは既に一言した。真淵をして、かかる外来思想の摂取へと踏み切らせしめたのは、そうした点によるところが大きかったであろう。だが、実際のところ、老子のいう「自然」や「古」は、真淵の考えるそれとは別物であったと見なければならない。

『老子』に於いて、道は以下のように説明されている。

道可道、非常道。名可名、非常名。
無名、天地始。有名、萬物之母。（第一章）

道の道とす可きは、常の道に非ず。名の名とす可きは、常の名に非ず。
名無きは、天地の始め。名有りては、萬物の母。

また、第四章に於いては、「淵兮似萬物之宗」、「象帝之先」という表現も見える。つまり、『老子』のいう道とは、万物に先立つ根源的な何かであり、それは万物に先立つものであるがゆえに名すらもない。そして、本来は名付けることすらできないその何かに、それでもなお敢えて便宜的に名を与えたものが「道」なのである。したがって、無為自然というありかたは、まさしく「載營魄抱一、能無離乎。專氣致柔、能嬰兒乎。」とされる如き姿勢でもって、万物の基へと立ち帰ることの謂にほかならない。これは「古」についても同様であろう。老子が「能知古始、是謂道紀。」といったこの「古始」とは、人類史を遡及した先に認められる類の「古」ではなく、「道」に於ける「古」、文字通りの始源を指しての謂であると考えられる。すなわち、『老子』に於ける「道」や「自然」、あるいは「古」というものは、歴史的な一範囲としての古代には限定され得ないものであったと解釈すべきである。これに対して、真淵の説くところのそれらは、一様にして萬葉的世界観を体現した古代という、具体的に固定された過去の一区画を対象としたものでしかない。ここに両者の差異は火を見るより明らかであるといえよう。

このように、真淵による『老子』受容は、国学の所謂「古道説」に対して深刻な課題を齎すことになった。とりわけ、第一に挙げた点に関連して、たとえどれほど「漢意」だ「さかしら」だと喚き立ててみたところで、詰まるところ国学思想は老荘思想の敷き写しに過ぎぬという批判が挙がるのは当然のことである。而して、師によって生み出された這般の問題に対処しなければならなかったのは「古道説」を継承した宣長であったが、その解決に際して選択された方途は、彼の思想の行く先に関して大きな意味を持つものでもあった。

三　老荘の先にあるもの

既に述べたように、師である真淵の説に対する批判は、そのままに弟子の宣長に対しても向けられることとなった。それはすなわち、国学の説くところは「やゝもすれば老子の意に流る」ものではないかという批判であり、而してかかる批判は真淵の思想に限っていえば甘受せざるを得ないものであったといえるだろう。だが、宣長は自身の国学的言説が老荘思想とかかわりを持たぬことを断言し、さような批判を峻厳に斥ける姿勢を様々な書物の中で明確にしている。

かの老荘がともは儒者のさかしらをうるさみて、自然なるをたふとめば、おのづから似たることあり、されどかれらも、大御神の御國ならぬ、悪國に生れて、たゞ代々の聖人の説をのみ聞なれたるものなれば、自然なりと思ふも、なほ聖人の意のおのづからなるにこそあれ、よろづの事は、神の御心より出て、その御所爲なることをしも、えしらねば、大旨の甚くたがへる物をや、(12)

まづ老子の自然を申は、眞の自然には候はず、實は儒よりも甚しく誣たるものに候也、もし眞に自然を尊み候はば、世中はたとひいかやうに成行共、成行まゝにまかせて有べき事にこそ候へ、儒のおこなはるゝも、古への自然のそこなひ行も、みな天地自然の事なるべきに、それをあししとて、古への自然をしひるは、返りて自然にそむける强事に候也、(13)

さてかの老荘は、おのづから神の道に似たる事多し、これかのさかしらを厭て、自然を尊むが故也、

―中略―

但しかれらが道は、もとさかしらを厭ふから、自然の道をしひて立んとする物なる故に、その自然は眞の自然にあらず、もし自然に任すをよしとせば、さかしらなる世は、そのさかしらのまゝにてあらんこそ、眞の自然には有べきに、そのさかしらを厭ひ悪むは、返りて自然に背ける強事也、[14]

右に挙げた件などが、宣長による老荘否定の代表的なものである。こうした言及の内に読み取れる宣長の批判の焦点は、おおよそ二点に絞られるだろう。宣長はまず、老荘思想の成立過程にその言を向け、老荘の道は「儒者のさかしら」を厭う心情から、それを否定すべくして強いて説き出されたものであるから、「眞の自然」ではないと断ずる。「聖人の説をのみ聞なれたる」状態で説かれた老荘の言説は、儒説を知った上で敢えてその対立項を為すように作られたものであり、宣長にいわせればこれもまた、「さかしら」の産物として「聖人の意のおのづから」の域を出ないのである。次いで宣長は、「眞の自然」ということについて言及している。もし老荘が尊ぶ「自然」がいささかの作為もまじえぬ「眞の自然」であるならば、何事につけてもそれに従って、「世中はたとひいかやうに成行共、成行まゝにまかせ」なければならない。だとすれば、中国に生まれ中国に生きた老荘は「儒のおこなはるゝも、古への自然のそこなひ行」も、すべて天地自然の運行の結果として受け入れて然るべきであり、「さかしらなる世は、そのさかしらのまゝにてあらんこそ、眞の自然」であることになる。しかるに、彼らはそのありのままの「さかしらなる世」を厭うあまりに、「自然」ということを殊更に言い立てる。だがそれは、「眞の自然」を説き曲げた作り事の「自然」であり、結局のところ「返りて自然に背ける強事」に過ぎないのである。

宣長の為したかような老荘批判の言に関して、古川哲史がその著書『近世日本思想の研究』に於いて瞠目すべき見解を披露している。古川は、既述した二点の批判内容の内の前半部について、「老子は悧巧で信實のない人がはびこる世情にゐて、人の生くる道を考へたのである。彼が自然・信實に歸れと說いたのは、この力と虛僞を排斥したからである。「さかしらを厭ふから自然の道をしひて立テんとする物」といふ批判は當然甘受しなくてはならない」[15]といい、この点に於ける宣長の指摘は正当であるとの評を下している。次に二点目について、古川は前掲した『答問録』の内容を引きながら、宣長の論点を「もし眞に自然を尊むのなら世の中のなりゆくまゝにまかせるべきで、古への自然をのみ固執するのは自然にそむいた強事だといふのである」と整理している。そして、その『答問録』に於いて宣長が用いている「古への自然」という語に着目して、

わたくしの知る限り、老子に於いても、莊子に於いても、「古への自然」が固執されたとは考へられない。

　―中略―

それで老子の自然は心理學的概念であつて、古へといふ如き時間的に限定された歷史的概念ではないのである。[16]

と分析した上で、「宣長の老莊哲學批判は、明白な誤解の上になされたと言はなくてはならない」と指摘する。そしてそこからさらに進んで、宣長の誤解した老荘哲学というのは実は真淵の哲学であり、宣長の老荘批判はすなわち真淵批判であったとする結論を導くのである。

宣長は必ずしも老莊哲學を誤解したのではなく、老莊哲學にことよせて真淵の哲學を批判したのである。真淵がおのれの學說のよりどころとして採用した老莊哲學は、まさしく宣長が批判したそのものであつた。やゝつこしく言へば、宣長は真淵が理解（實は誤解）した老莊哲學をそのまゝ老莊哲學として批判し、真淵の哲學の病根にメスをさし向けたのである。(17)

この指摘は、まさしく慧眼というべきであろう。ここで宣長が、彼自身が批判を向けた老荘思想の内容をして老荘思想そのものであると捉えていたかという点、古川の言葉を借りるならば、宣長の老荘批判が「誤解の上になされた」か否かという点は、本質的には問題にならない。なぜなら、それが意図的であったとしても、あるいはそうでなかったとしても、宣長の批判の対象が「古への自然をしひ」る思想であったという事実だけは、ここに歴然としているからである。そして、我々は既に前節の内に、かかる限定された「古へ」を理想の自然として抽出したのが誰であったかを見たはずである。このことを踏まえた上で、今一度宣長による老荘批判の言に目を遣ってみよう。

もし眞に自然を尊み候はば、世中はたとひいかやうに成行共、成行まゝにまかせて有べき事にこそ候へ、儒のおこなはるゝも、古への自然のそこなひ行も、みな天地自然の事なるべきに、それをあししとて、古への自然をしひるは、返りて自然にそむける强事に候也、

宣長の考える自然とは、たとえそれがよかろうと悪かろうと、成り行きのままに任せてそこに手を加えないこと、換言すれば、常にありのままの現状を肯定し続けることであり、それこそが真の意味での「天地自然」への随

順である。ゆえに、如何に現状が酷いものであったとしても、人はそれを受け入れねばならない。それに抵抗して何らかの教説を設けることや、その教説によって現状の変更を迫るような真似をすることは、たとえそれがどれほどよい方向性を有するものであっても、畢竟自然に背いた「强事」でしかないのである。だからこそ、儒学の「さかしらを厭ひ悪」むことで生まれた老荘の説は真の自然ではないとされる。「さかしらなる世は、そのさかしらのまゝ」受容されねばならないのだ。そして、このことは中国であろうと日本であろうと変わるものではない。

　このように見るとき、右に再掲した一節に於ける「儒のおこなはるゝも、古への自然のそこなひ行も、みな天地自然の事なるべきに、それをあしとて、古への自然をしひるは、返りて自然にそむける强事」という文言は、宣長による一連の老荘批判の一部としてありながら、次の瞬間には即座に真淵思想へと転換され得ることが諒解せられるだろう。儒学の流入によって自国が「さかしら」に汚染されてしまったことを真淵は嘆き、「古への哥」から「古への心・詞」を知ることを通して、その「さかしら」によって損なわれてしまった古代人の「高く直き心」を得るべきであると説いた。だが、宣長からすれば、自国に於いて儒学が盛んに用いられるようになったことも、それによって「古へ」のありさまが損なわれてしまったことも、何もかもみな「天地自然の事」なのであり、そうである以上は現状は現状として受け入れなければならない。にもかかわらず、その現状を受け入れ難きものとする真淵の思想は、まさに「さかしらを厭ふから、自然の道をしひて立ん」とした老荘思想と変わらぬ構造を有してしまっているではないか。この点に於いて、師である真淵の「古への道」もまた、宣長にとっては「さかしら」の域を出るものではなかったのである。

　それではなぜ、宣長はそこまで徹底して「天地自然」に従わねばならないと考えたのだろうか。それは彼が、本節冒頭に挙げた件の中で述べているように、「よろづの事は、神の御心より出て、その御所爲なること」であると認識していたからにほかならない。彼にとって、この世の中は良きにつけ悪しきにつけ、万事が「神の御心」によるもの、すなわち神の「御所爲」の結果だったのである。

四　宣長の「神ながらの道」

神の所為にただひたぶるに従うこと、このことこそが自国に於ける正しき真実の「道」であると宣長は考えた。而して、彼はかかる態度を古書の謂に准えて、「神ながら」と表現する。すなわち、宣長の「道」はやがて「神ながらの道」として語り出されるわけである。この「神ながらの道」について、宣長は次のように説明する。

書紀の難波長柄朝廷御巻に、惟神者、謂㆓随神道亦自有神道㆒也とあるを、よく思ふべし、神道に随ふとは、天下治め賜ふ御しわざは、たゞ神代より有こしまに〳〵物し賜ひて、いさゝかもさかしらを加へ給ふことなきをいふ、さてしか神代のまに〳〵、大らかに所知看せば、おのづから神の道はたらひて、他にもとむべきことなきを、自有㆓神道㆒とはいふなりけり、[18]

人が何らの作為をも加えることなく、「神代より有こしまに〳〵」あれば、そこにはおのずと神の道が働く。そして、我々はただ、何事につけてもそのよしあしにかかわらず、それを神の道の働きの結果としてそのままに受け入れるほかはない。これが「神道に随ふ」ことであり、真なる「道」のありかたであるとされるのである。

だが、善事はともかくとして、悪しき現状を目の前にしても、それに干渉することを放棄して甘受せよという主張は、俄かには肯い難いものである。そこに「さかしら」を持ち込む姿勢が斥けられるのは、どういったわけであろうか。

そも〳〵天地のことわりはしも、すべて神の御所爲にして、いとも〳〵妙に奇しく、靈しき物にしあれば、さらに人のかぎりある智りもては、測りがたきわざなるを、いかでかよくきはめつくして知ることのあらむ、

およそ世の中のすべてのことは、それが吉事であれ凶事であれ、一様に「神の御所爲」によるものである。而して、かかる「御所爲」はほかならぬ「神」の営為であるから、それは「妙に奇しく、靈しき物」であり、人智によっては測ることのできないものである。すなわち、霊妙な「神の御所爲」を前にしては、人智など矮小なものに過ぎず、したがって、人がどれだけその小智を揮ってそこに「さかしら」を持ち込もうとしたところで、それは結局のところ何の役にも立たないのである。

しかしながら、仮に宣長のいう通りであるとすれば、世の中に起こる凶事もすべて、神のしわざであるということになる。そのような凶事を齎す神に対しても、人は無抵抗に従わなければならないのだろうか。このことについて、宣長は「吉凶き萬事、みなことごとに神の御所爲なり」と前置きした上で、「さて神には善もあり悪も有て、所行もそれにしたがふなれば、大かた尋常のことわりを以ては、測りがたきわざなりかし」と続ける。

このことをさらに詳しく述べたのが、次の一節である。

凡て神は、佛などいふなる物の趣とは異にして、善神のみにはあらず、悪きも有て、心も所行も、然ある物な

れば、悪きわざする人も福え、善事する人も禍ることある、よのつねなり、されば神は、理の當不をもて、思ひはかるべきものにあらず、たゞその御怒を畏みて、ひたぶるにいつきまつるべきなり、

宣長の所説に於ける「神」は、善神だけではない。そこにはまた、悪神―宣長はこれを「禍津日神」と呼ぶ―も存在するのである。つまり、世の中に生じる吉事は善き神の所為であり、逆に凶事は禍つ神の所為によるものである。そして、その性質こそ違えど、両者は共に「神」なのであり、「神」である以上は、まさしく宣長が「神は、理の當不をもて、思ひはかるべきものにあらず」といっているように、その「神」が為すところの行いが如何なる「ことわり」によるものであるのかを、我々人間は関知することができない。ましてや、善にもあれ悪にもあれ、「妙に奇しく、靈しき」ものである「神の御所爲」の結果に対して、人がその「さかしら」をもって変更を迫るような態度は、およそ人の分をわきまえぬ越権行為である。ゆえに人は、世の中の一切を「神の御所爲」として甘受し、「たゞその御怒を畏みて、ひたぶるにいつきまつる」ほかはないのである。ありとあらゆる人智の所産を排除し、かかる「神の御所爲」にひたすら随順すること、このことこそが自国に於ける真実の道、すなわち「神ながらの道」だと宣長は考えたのであった。

結

上来論じ来ったところによって、我々は、真淵が如何に強く老荘思想に共感し、自身の思想にそれを受容しようとしたかということ、そしてその受容が真淵国学に於いて自殺的ともいえるほどの深刻且つ致命的な陥穽となって

しまっていたこと、また、かかる師説の継承者であるはずの宣長が、一方に於いては、老荘思想と国学思想の関連性を否定する言の内に、師の説をも否定する立場にその足を着けていたことを確認することができたものと考える。而して、こうした老荘思想批判を経由しての師説の否定は、『古事記伝』第一巻の掉尾に配された、「神ながらの道」闡明の書である『直毘霊』に於いて、明確な言辞を伴って敢行されている。

其はたゞ物にゆく道こそ有けれ、美知とは、此記に味御路と書る如く、山路野路などの路に、御てふ言を添たるにて、たゞ物にゆく路ぞ、これをおきては、上代に、道といふものはなかりしぞかし。(19)

そも此道はいかなる道ぞと尋ぬるに、天地のおのづからなる道にもあらず、是をよく辨別て、かの漢國の老荘などが見と、ひとつにな思ひまがへそ。(20)

「神ながらの道」は、「たゞ物にゆく道」という以上の意味を有していない。それは言葉の示す通りのただの道であり、我々人間はかかる道の続くままに、その上を歩いていくしかない。そして、今と比して理想的な状態にあった上つ代にさえ、この道のほかには道など存在していなかったのである。ゆえに、我が国の「道」は、真淵が上代に見出したような「天地のおのづからなる道」ですらない。ましてや、自国の「道」を老荘の説に附会することなどあってはならないと宣長はいうのである。かような言及が、真淵国学への批判であることはもはや自明であるといえよう。

ではなぜ、宣長は敢えて師説の否定に踏み切ったのか。この点に関して、宣長が真淵について言及した示唆深い評がある。それは、『玉勝間』二の巻に収められた、「おのれあがたゐの大人の教をうけしやう」と題された章に於いて為されたものである。

さて古事記の注釈を物せんの心ざし深きことを申せしによりて、その上つ巻をば、考へ給へる古言をもて、假字がきにし給へる本をも、かし給へりき、古事記傳に、師の説とて引たるは、多く其本にある事ども也、そも〱此大人、古學の道をひらき給へる御いさをは、申すもさらなるを、かのさとし言にのたまへるごとく、よのかぎりもはら萬葉にちからをつくされしほどに、古事記書紀にいたりては、そのかむかへ、いまだあまねく深くはゆきわたらず、くはしからぬ事どももおほし、されば道を説給へることも、こまかなることしなければ、大むねもいまださだかにあらはれず、たゞ事のついでなどに、はし〴〵いさゝかづゝのたまへるのみ也、又からごゝろを去れることも、なほ清くはさりあへ給はで、おのづから猶その意におつることも、まれ〱にはのこれるなり、[21]

引用部の前半に於いて宣長が具体例を挙げながら強調するように、彼の国学思想、わけても『古事記伝』の執筆を通して獲得された「神ながらの道」を基調とした古道観は、真淵の存在なくしてはあり得なかった。真淵の国学に出会ったからこそ、宣長は『古事記』研究に進むことができたし、その研究の前提として不可欠な「古言」の究明は、真淵の積み上げた萬葉研究抜きには成立しなかったろう。また、「漢意」を払い清めて、もって純然たる自国の文化を明らかにするという学問の基本理念は、やはり真淵から継承されたものである。ゆえに、宣長は真淵から受けた学恩を終生忘れることはなかったし、自身の著書の様々な箇所で、何度も何度も真淵の偉大さを説き、且つはその偉大な師への感謝の念を表明している。

だが一方で、その偉大な師である真淵もまた、「漢意」を完全に払拭しきるまでには到っていなかったのだと宣長はいう。そして、その「漢意」の払拭が十全でなかったがゆえに、真淵が「おのづから猶その意におつること」になった結果が、老荘思想の受容であり、あるいはその老荘思想と同様の「さかしら」を繰り返すかの如く、儒学の掣肘を嫌うあまりに理想的な上古のありさまに固執し、強いて「天地のおのづからなる道」を立ててしまったことだったのであろう。だが、たとえ師説であったとしても、それが自分たちの標榜する思想が峻厳に排除せねばならぬとしているもの、すなわち「漢意」と同根のものであると気付いてしまった以上、もはや宣長はこれを黙殺しておくわけにはいかなかった。だからこそ彼は、師の説をはっきりと否定するという行動に出たのである。而して、それは決して、宣長が自己思想の擁護、保身を図らんとする一心から来るものなどではなかったと思われる。宣長は、同じく『玉勝間』の中でこのようにいっている。

宣長は、道を尊み古を思ひて、ひたぶるに道の明らかならん事を思ひ、古の意のあきらかならんことをむねと思ふが故に、わたくしに師をたふとむことわりのかけむことをば、えしもかへり見ざることあるを、猶わろしと、そしらむ人はそしりてよ、そはせんかたなし、われは人にそしられじ、よき人にならむとて、道をまげ、古の意をまげて、さてあるわざはえせずなん、これすなはちわが師の心なれば、かへりては師をたふとむにもあるべくや、そはいかにもあれ、[22]

「道を尊み古を思ひて、ひたぶるに道の明らかならん事を思ひ、古の意のあきらかならんことをむねと思ふ」こと、これこそが宣長の目指すところである。そして、かかる信念を有していたのは真淵も同じであったはずである。だが、真淵は真に「漢意」を逃れ去ることはできなかった。ゆえに、古の道を明らかにする途上に於いて、自分でも気づかぬままにその「漢意」に足を捕られ、その意に落ち込んでしまったのである。我知らず陥ったその「漢意」を師がどれだけ厭うていたか、一番よく知っていたのはほかならぬ宣長であったろう。されば、どれだけ不遜との誹りをその身に浴びようとも、愛すべき師が立て、自らが継承した学問の為には、そこに泥み居るわけにはいかない。師の謬説は、その弟子によってこそ超克されねばならない。そして、かかる超克を為すことこそが、有りあまるほどの学恩を与えてくれた偉大な師への報恩であり、真に師を尊ぶ行為ともなると、宣長はこう考えたのではなかったろうか。

その意味で、宣長はまさしく真淵の弟子だったのである。

（1）賀茂真淵『縣居書簡續編』「某月某日本居宣長宛書簡（明和四年）」（『賀茂真淵全集　第二十三巻』所収、続群書類従完成会、一九九二）、一二九頁。

（2）三枝康高『賀茂真淵』吉川弘文館、一九六二、一三〇頁を参照。

（3）賀茂真淵『国意』（『賀茂真淵全集　第十九巻』所収、続群書類従完成会、一九八〇）、一四頁。

（4）以下、『老子』についての引用はすべて、蜂屋邦夫訳注『老子』（岩波書店、二〇〇八）に拠った。なお、引用部にはそれぞれに対応する章番号を、「（〜章）」のかたちで附した。

（5）賀茂真淵『書意』（『賀茂真淵全集　第十九巻』所収、続群書類従完成会、一九八〇）、一八五頁。

（6）福永光司『老子』朝日新聞社、一九九七、一七頁。

（7）鉤括弧内はいずれも、古川哲史『近世日本思想の研究』小山書店、一九四八、二一三頁。

（8）賀茂真淵『語意』（『賀茂真淵全集　第十九巻』所収、続群書類従完成会、一九八〇）、一二八頁。

（9）蜂屋邦夫前掲書、二五二頁。

(10) 福永光司前掲書、三五二～三五三頁。
(11) 蜂屋邦夫前掲書、二五一頁。
(12) 本居宣長『直毘霊』(『本居宣長全集　第九巻』所収、筑摩書房、一九六八)、六二頁。
(13) 本居宣長『答問録』(『本居宣長全集　第一巻』所収、筑摩書房、一九六八)、五二七頁。
(14) 本居宣長『くず花』(『本居宣長全集　第八巻』所収、筑摩書房、一九七二)、一六三頁
(15) 古川哲史前掲書、二二〇頁。
(16) 同、二二〇～二二一頁。
(17) 同、二二四～二二五頁。
(18) 本居宣長前掲『直毘霊』五〇頁。
(19) 同、五〇頁。
(20) 同、五七頁。
(21) 本居宣長『玉勝間』(『本居宣長全集　第一巻』所収、筑摩書房、一九六八)、八七頁。
(22) 同、八八頁。

第四章　歌の本体——宣長の歌解釈——

序

前章では、真淵の言説に於ける老荘思想との近似に焦点をあて、それが真淵国学の致命的ともいえる欠点へと繋がっていたことを明らかにし得たものと考える。また併せて、師説の抱えたその致命的陥穽に面接した宣長が、如何なる態度をもってそれと対峙したかという点についても言及した。ところで、宣長について我々がその思想を語る際には、往々にして「もののあはれ」や、あるいは前章に於いて少しく触れた、彼の古道論の中核を為すところの「神ながらの道」の基盤となった『古事記伝』が持ち出される。無論、宣長によって見出されたこの「もののあはれ」が、儒的な勧善懲悪観による誹謗から我が国の古典を庇護する一助となったことは高く評価されるべきであるし、明和元年（一七六四）から寛政十年（一七九八）に到る、実に三十余年もの歳月を経て完成された、まさしく宣長畢生の大作である『古事記伝』が、彼の思想に於いて枢要な位置を占めていたことは論を俟たない。だが、こうした宣長思想の中核を為す概念は、たとえば「もののあはれ」の論が、『安波礼弁』に端を発し、『紫文要領』

や『石上私淑言』を経て確立されていったように、彼が思索の途に立った当初から既に、具体的な姿かたちを持ってその内に存していたわけではなかったはずである。だとすれば、このことは翻って宣長の諸思想の苗床ともいうべき認識ないしは意識の存在の昭示となるであろうし、且つまたその存在の何たるかという議論を我々に要求するものでもあるだろう。

そこで本章では、宣長の処女作である歌論『排蘆小舟』の考察を通して、若き日の彼がどのような思想を有した上で、その名に冠する如くに国学研究に分け入ったのかを考察すると共に、この歌論が近世日本思想の一潮流としての国学にとって如何なる意義を持つものであったかを考えてみたい。

一　『排蘆小舟』第一条に見る歌解釈

『排蘆小舟』は、次のような問答形式をもって書き出されている。

問、歌は天下の政道をたすくる道也、いたつらにもてあそひ物と思ふべからず、この故に古今の序に、この心みえたり、此義いかゞ、

答曰、非也、歌の本體、政治をたすくるためにもあらず、身をおさむる爲にもあらず、たゞ心に思ふ事をいふより外なし、其内に政のたすけとなる歌もあるべし、身のいましめとなる歌もあるべし、(1)

この問いに於いていわれている、「いたつらにもてあそひ物と思ふべからず」との文言は、当代にあって和歌と

いうものが既に人々の翫びものと化しているのではないか、という実状的な批判を前提としたものであろうし、それは取りも直さず、かの有名な「国歌八論論争」の嚆矢となった、荷田在満の『国歌八論』、わけてもそこに於いて展開されている「翫歌論」を踏まえてのものということになるだろう。(2)

『国歌八論』は、田安藩主徳川宗武のもとで和学御用として仕えていた荷田在満が、宗武の求めに応じて、寛保二年（一七四二）に献進した歌論書である。ここで在満は、『萬葉集』と『古今和歌集』との間に和歌のありさまの分水嶺を認める立場から、歌の要諦を論じている。在満によれば、そもそも和歌というものは、「本来は歌ふ物」(3)であったが、『古今和歌集』のあたりを境として、「ただうたふためにすると詞花言葉を翫ぶとのたがひ」、つまりは声に出して歌うものと、歌謡性を持たない歌との分化が生じてきたのだという。かかる傾向は『萬葉集』後期、すなわち大伴家持の時代あたりから既に看取されるが、それでもなお、声に出して歌われることの方が多かった。ところが、『古今和歌集』の場合は、大歌所の歌や東歌の類を除けば、そのほかは声に出して歌ったものとは思われない。このことは、『古今和歌集』の序文を見るにつけ、その編集基準が「専ら巧拙を論じてその優なるのみを撰みたる」ようなものであったことからも明らかである。そして、『古今和歌集』以降は、現在に到るまでに歌風の変遷はあれど、そのありかたは基本的に変じていない。

而して、かような認識に立った在満は、『古今和歌集』以降の歌はおよそ「今の世に至るまで同じくその詞花言葉を翫ぶが故に、あるは風姿の幽艶なる、あるは意味の深長なる、あるは景色の見るがごとき、あるは難き題をよみ得たる、あるは連続の機巧なるを悦びて、その優劣を定むるに於ては異なる事なし」と断じ、ゆえに「暫く歌の本来を捨てて、世と同じく詞花言葉を翫ぶにはしかず」と主張したのである。こうした在満の言の基層を成していたのは、「歌の物たる、六芸の類にあらざれば、もとより天下の政務に益なく、また日用常行にも助くる所なし」

と捉え、「歌は貴ぶべきものにあらず」とするような歌理解であった。

歌に対する在満のかような解釈は、佐佐木信綱が「斯くの如きは、古学勃興時代の歌学の大勢より見れば、新奇の観あり」といい、またあるいは、「彼がこの詞花言葉の説は、わが國の歌學説が、自然説の極端に走らせむとせし一般の缺點を補ひて、和歌の藝術としての性質を明瞭にせし點に於いて、歌學史上最も注意すべきもの[4]」と評しているように、和歌の持つ芸術的側面を顧慮することなく、専らそこに漢詩の如き道徳教化の効用や、あるいは治世に於ける有効性を見出そうとする、当代に於ける歌学観の主流[5]と鋭く対立するものであった。ゆえに、『国歌八論』を読んだ宗武は、すぐさま『国歌八論余言』をもって『国歌八論』に反駁を加えるとともに、自身の書を真淵に見せて意見を求め、その要請に応じて真淵は『国歌臆説』を物し、これを献じた。在満の『国歌八論』から真淵の『国歌臆説』までの一連の遣り取りはすべて寛保二年（一七四二）中に為されたもの[6]であるが、後に大菅公圭が『国歌八論斥非』（宝暦十一年、一七六一）を発表し、それに対して宣長が『国歌八論斥非評』（明和五年、一七六八）をもって応酬するなど、長期間にわたって複数の人物が議論を交わす一大歌学論争へと発展したのであった。

ところで、かかる『排蘆小舟』冒頭の件に於いて宣長は、「歌は天下の政道をたすくる道也、いたつらにもてあそひ物と思ふべからず」という、従来の歌理解を前提とした問いに答えるかたちで、歌というものの本義は、政治的な意味の上にあるのではなく、また、修身という道徳的意味に立つものでもなく、畢竟心の内の思いを述べるという一点にこそ存するのだとして、歌とは何たるかという自身の見解を瞭然と闡明するのであるが、これはむしろ先程見た在満の主張に近いものであり、儒学的立場から歌に対して政治的有用性や道徳的教化の働きを考える宗武や、あるいは純粋質朴な「ますらをぶり」をもって和歌の本体とし、そこに作為や技巧の類を持ち込むことを厭う真淵のそれとも異なっているように見える。

真淵を師と仰ぐ宣長にあって、さような意見の相違は一見して奇妙にも思える。しかしながら、彼らの遣り取りを収めた『賀茂真淵添削詠草』をはじめとするいくつかの資料を見るに、こと歌に関していえば、両者の認識には大きな断絶が存していたであろうことが窺える。たとえば、宣長が自身の作歌を書き送り、それに真淵が添削を施したものを記録した『賀茂真淵添削詠草』では、宣長の詠歌「思ひやれ三年の後もあかつきのかねのつらさはしらぬ枕を」に対して、真淵が以下のような評をもって答えている。

いひなし、はいかい也、戀なとは艶にあはれにこそいはめ、是は新古今のよき歌はおきて、中にわろきをまねんとして、終に後世の連歌よりもわろくなりし也、右の歌とも一つもおのかとるへきはなし、是を好み給ふならば、萬葉の御問も止給へ、かくては萬葉は何の用にたゝぬ事也、(7)

真淵はここで、宣長の歌は和歌ではなく、後世の連歌よりもなお出来の悪い、俳諧然とした駄作に過ぎぬと酷評した上で、こうした歌を好むようならば萬葉の学びは何の役にも立たないので、これ以上の質問は打ち切るようにとまでいっている。ここには、所謂「詞花言葉を翫ぶ」ことをよしとする宣長と、そうした現今の和歌のありさまを頽落と見做し、萬葉の古歌に倣うことで「身こそ後のよにあれ、心ことばは上つ代にかへ」るべきであるとした真淵との、歌を巡る姿勢の差異が如実に露見している。かような両人の隔絶は、一体何に起因するものであろうか。

二　『萬葉集』を巡る価値の位相

真淵は、自身の著作を通じてその尚古主義を顕著に表明しているが、その理想とする「古へ」を知る方法として萬葉歌の存在を捉えていた。だからこそ彼は、『歌意』に於いて、「いにしへ人のなほくして、心高く、みやびたるを、万葉に得」るべきであると主張し、あるいは『邇飛麻那微』に、「万葉集を常に見よ」といったのである。勿論、これは真淵が『古事記』を筆頭とする萬葉以前の文献を等閑にしていたということを意味するものではない。事実、彼は『古事記』を「神の御典」と呼び、その註釈に意欲を見せる宣長を激励し、自らの門下に入ることを認めている。しかしながら、ここで注意すべきは、『古事記』をはじめとする古文献が、いずれも漢籍をもって物されているということである。たとえば、『古事記』上つ巻は、「天地初發之時、於高天原成神名、天之御中主神。」という一文で書き出されているが、真淵はここに漢字による強い抑圧を見る。要するに、『古事記』の文面は漢籍を仮ることで、「漢意」による歪曲を余儀なくされているため、日本古来の言葉である「古言」を読み取ることができない。したがって、これをこのまま読んでも、日本が本来有している思想である「古意」を知ることは不可能である、と真淵は考えるのである。ところが、『萬葉集』は文字こそ同じく漢字の仮借ではあるものの、言葉の音を当て字で表記する、所謂「萬葉仮名」を用いており、上代の「古言」が、さらにはそこから立ち顕れる「古意」が、そのままに息づいている。ここに真淵が『萬葉集』を重視する所以が存しているのである。つまり、真淵にとっては『萬葉集』と、その歌から立ち顕れる萬葉的世界こそが、彼が尊崇してやまなかった上代そのものであったといえるだろう。

一方、宣長の考える『萬葉集』の意義は、真淵のそれとは必ずしも一致していなかったようである。このことの一端を示すものとして、『玉勝間』の記述を挙げることができる。『玉勝間』巻の二には、宣長と真淵との邂逅を述べた「おのが物まなびの有しやう」と、真淵から受けた指南を記した「あがたゐのうしの御さとし言」という項目が収められている。まず、「おのが物まなびの有しやう」では、若く在京時代の宣長が契沖の研究に触れ、本格的に古学の道への志を深める内に、次第に真淵の学問を慕うようになっていった様子が、以下のように述懐されている。

> さて京に在りしほどに、百人一首の改觀抄を、人にかりて見て、はじめて契沖といひし人の説をしり、そのよにすぐれたるほどをもしりて、此人のあらはしたる物、餘材抄勢語臆斷などをはじめ、其外もつぎ〳〵に、もとめ出て見けるほどに、すべて歌まなびのすぢの、よきあしきけぢめをも、やう〳〵にわきまへさとりつ、
>
> —中略—
>
> かの契沖が歌ぶみの説になずらへて、皇國のいにしへの意をおもふに、世に神道者といふものの説おもむきは、みないたくたがへりと、はやくさとりぬれば、師と頼むべき人もなかりしほどに、われいかで古のまことのむねを、かむかへ出む、と思ふこゝろざし深かりしにあはせて、かの冠辭考を得て、かへす〳〵よみあぢはふほどに、いよ〳〵心ざしふかくなりつゝ、此大人をしたふ心、日にそへてせちなりしに、(8)

ここでは、宣長の古学研究の意志が、もと契沖に端を発しながらも、『冠辞考』との出会いを契機として、次第に真淵の思想へと傾倒していく様子が看取される。だが、その一方で宣長は、自身がはじめに『冠辞考』を手に

取った際の印象を、このように述べてもいる。

國にかへりたりしころ、江戸よりのぼれりし人の、近きころ出たりとて、冠辞考といふ物を見せたるにぞ、縣居大人の御名をも、始めてしりける、かくて其ふみ、はじめに一わたり見しには、さらに思ひもかけぬ事のみにして、あまりこととほく、あやしきやうにおぼえて、さらに信ずる心はあらざりしかど、猶あるやうあるべしと思ひて、立かへり今一たび見れば、まれ〳〵には、げにさもやとおぼゆるふし〴〵もいできければ、又立かへり見るに、いよいよげにとおぼゆることおほくなりて、見るたびに信ずる心の出つゝ、つひにいにしへぶりのこゝろことばの、まことに然る事をさとりぬ、

『冠辞考』を一読した当時の宣長にとって、それは「さらに思ひもかけぬ事のみにして、あまりこととほ」く、「あやしき」ものであり、読了当初はその内容について「信ずるこころはあらざりし」といった状況であった。しかしながら、半信半疑の体で二度三度と読み返すうちに、真淵の言説を「げにとおぼゆる」ことが多くなり、遂には「いにしへぶりのこゝろことばの、まことに然る事」を悟ったというのである。かかる記述から、宣長が真淵を知った当初にあっては、その思想が宣長にとって甚だ異質なものであったということが窺い知れよう。

次いで、「あがたゐのうしの御さとし言」では、自身の胸中に『古事記』註釈の志ある旨を吐露した宣長に対し、古意を知るには古言を明らめる必要があり、その古言を得るには萬葉によるべきである、とする真淵の教えが記されている。さらに、その件に続いて、

世中の物まなぶともがらを見るに、皆ひき、所を經ずて、まだきに高きところにのぼらんとする程に、ひき、ところをだにうることあたはず、まして高き所は、うべきやうなければ、みなひがごとのみすめり、此むねをわすれず、心にしめて、まづひき、ところよりよくかためおきてこそ、たかきところにはのぼるべきわざなれ、わがいまだ神の御ふみをえとかざるは、もはら此ゆゑぞ、ゆめしなをこえて、まだきに高き所をなのぞみそと、いともねもころになん、いましめさとし給ひたりし、

とあり、「高き所」である『古事記』を理解するためには、まずもって「ひき、所」、すなわち『萬葉集』を経なければならないということを、研究の方法論として真淵が宣長に諭したと述べられている。而して、かかる真淵の助言を受けて、宣長は「此御さとし言の、いとたふとくおぼえけるまゝに、いよいよ萬葉集に心をそめ」て、より一層の研究に勤しんだというのである。瞥見するに、ここに語られているのは師から弟子へのありふれた教授のさまであり、その内容も含め特段大過ないようにも思えるが、その実よくよく考えてみると、どうにも怪訝な点が存している。というのも、ここでの記述に沿うならば、真淵は自ら『萬葉集』を「ひき、所」と呼び、『古事記』を理解する上での単なる階梯としてこれを位置付けていたことになる。しかし、果たして真淵の『萬葉集』に対する理解は上記のようなものだったのだろうか。その答えは、おそらく否である。

真淵は「古へ」を学ぶにあたっての方法論を、自身の著作に於いて次のように述べている。

先古への哥を學ひて、古へ風の哥をよみ、次に古への文を學ひて古へ風の文をつらね、次に古事記をよくよみ、次に日本紀をよくよみ、續日本紀ゆ下御代つぎの史らをよみ、式・儀式など、あるひは諸の記録をも見、

かなに書る物をも見て、古事・古言の残れるをとり、古への琴・ふへ・衣の類ひ、器などの事をも考へ、其外くさ〴〵の事どもは、右の史らを見思ふ間にしらるべし、かく皇朝の古へを盡して後に、神代の事をばうかゞひつべし、さてこそ天地に合ひて御代を治めませし、古への神皇の道をも知得べきなれ[9]

たしかに、かくいう真淵の学びの要諦は、一見するに段階的手順を踏んでいるようであり、これを片方向的に解釈すれば、それは恰も「古への哥」すなわち萬葉歌についての学びを手始めとして、徐々に「ひきゝ所」から「高き所」へと上昇していくような構造をとっているかにも見える。だが、仮にこれを上昇的構造として捉えるのであれば、「次に古事記をよくよみ、次に日本紀をよくよみ」という手順に従って、『古事記』よりもさらに「高き」所に『日本書紀』が位置付けられねばおかしいことになる。ところが、真淵の価値観では、

日本紀てふ物は、只奈良朝の始に漢文に字を極候にて、其字に依て皇朝の事を誤こと限りなし、皇朝は神代はもとより、人代よりもいと〴〵久しくして、古へ字無時は口つから皆唱へし事を、後に文字もてしるして、しかも古言を誤るましき様にしるし置しは古事記也、日本紀を心得違にて漢文に書しを、日本の古意を知人惣てなければ、日本紀をのみ貴み侍る後世の人の常也、漢文のよきは日本にては、なくさみと成のみにて実の用にあらす、日本は日本の古実を傳へるこそ神の御爲にもなり、下りては人々の爲にも成ぬれ、からの文何の用とや[10]、

とあるように、『日本書紀』はその記述様式ゆえに、『古事記』より一段劣ったものであると見做される。したがっ

て、『古事記』と『日本書紀』との価値的位相に於いて、かような顚倒が生ずることは考え難い。

そして、何よりも決定的なのは、真淵自身が古学びのありかたについて、それを登攀にたとえて、

こを譬へば、高き山にのぼるが如し、もと繁き山ぐちをおしわけて、木の根巌かねいゆきさぐゝみ、汗もしどゝにいきも喘つゝ、からくして峯にいたりぬ、かく至てば、あふぎてむかひてしやま〳〵をも見くだし行て、見ぬ國のおくかも見明らめられつゝ、今こそ心の雲霧もはるけて、世に廣くくらからざめりとおぼゆ、

　　―中略―

いつとなくその高嶺をも下りまがりて、もとのふもとにかへりぬめり、さて静心に成ては、あやしき心ずさみに有つる哉とおもひなれゝば、万夢のさめたらむ暁の如ぞおぼえける、この時にいたりて、また古きふみを見、歌をもとなへこゝろみれば、かのあやしくすゝめるみだりわざはなくて、たゞこの麓へ歸り下りたる心にぞ在ける、(11)

物は末より上を見れば、雲霞へだゝりて明らかならず、其上へのぼらむはしをだに得ば、いちはやく高くのぼりて、上を明らめて後に末を見よ、既にいひし如く、高山より世間を見わたさむことく、ひとめに見ゆべし、ものゝこゝろも、下なる人上なる人のこゝろははかりかたく、上なる人下の人の心は、はかりやすきが如し、よりてまなびは上より下すをよしとする事、(12)

と述べていることである。本書に於いて既に見てきたように、真淵にとって「古へ」を学ぶこと、すなわち「古

へ」を知ることは、萬葉歌を仲保として為されるものであり、それを通して顕わになるのは、かかる「哥」の内容がただちに世界そのものとしてあるような、萬葉的世界であった。だとすれば、「もと繁き山ぐちをおしわけて、木の根巖かねいゆきさぐゝみ、汗もしどゝにいきも喘つゝ」攀じ登ったその先の「峯」は、萬葉の世でなければならぬはずである。そして、萬葉の古えという頂に到達したその暁に、その他の「古きふみ」を見渡すのである。それは、「上を明らめて後に末を見よ」という言に集約されるような学びのありかたであるといえよう。真淵にとって萬葉は、彼の理想とする上古そのものであり、それはまた、学びに於ける「高山」でもあったのである。したがって、先に挙げた、

先古への哥を學ひて、古へ風の哥をよみ、次に古への文を學ひて古へ風の文をつらね、次に古事記をよくよみ、次に日本紀をよくよみ、續日本紀ゆ下御代つぎの史らをよみ、式・儀式なと、あるひは諸の記録をも見、かなに書る物をも見て、古事・古言の残れるをとり、古への琴・ふへ・衣の類ひ、器などの事をも考へ、其外くさ〴〵の事どもは、右の史らを見思ふ間にしらるべし、

という学びの要諦は、「古への哥を學ひ」とること、すなわち萬葉的世界という「高山」に登頂することを第一義として、そこから「末」へと順次その裾野を広げてゆくという、実践的方法論を述べたものと考えられる。ゆえに、これは上昇的構造にあらず、むしろ頂点より徐々に斜面を下ってゆくが如きものであり、したがって、そこに羅列された学びの順序は、「古への哥」の学習を筆頭として、先にあるものほど、より高い重要度を有したものであるといえるだろう。

三　「學び」の実相

このような学問の手順を説く真淵をして、たとえそれが学問的必要性に迫られてのことであったとしても、『萬葉集』を『古事記』研究の階梯、さらに穿ったいいかたをすれば、ある種の「踏み台」として捉え、あまつさえ「ひき、所」などと放言することがあるとは考え難い。だが、現に「あがたゐのうしの御さとし言」に於いて、かような真淵の学びのありかたは、先に見たような上昇的構造、すなわち、萬葉歌から古言を引き出し、そこから古意を知り、もって『古事記』を解くという極めて秩序的な上下構造の、その最低層へと組み込まれてしまっている。さらば、この齟齬は如何にして解消され得べきものであろうか。

ここで押さえておかねばならないのは、子安宣邦も指摘しているように[13]、真淵によるさような萬葉理解を語っているのは、あくまでもこの『玉勝間』の著者である宣長だということである。子安はこの点について、萬葉的世界が真淵にとって「古へ」とほとんど同様の大きさ、重要性を持って存在していたと前置きした上で、「真淵にとって『万葉集』がもっていたこの位置を、宣長は『古事記』によって置き換え」たのだと主張する。[14]だが、卑見を開陳するならば、これは単に宣長が真淵に於ける『萬葉集』の立地点に『古事記』を上書きしたということではなく、そもそも両者の関心は当初から別々であり、それがゆえに、両者に於ける『萬葉集』の位置付けもまた、もとより異なっていたものと解すべきであろう。その証拠に、詠歌の風調や『萬葉集』についての真淵の見解に異見を差し挟む宣長を、真淵が激しく叱責する様子が、両者の書簡の遺り取りの中には残されている。

詠歌の事よろしからず候、既にたび〳〵いへる如く、短歌は巧みなるはいやしといふは、よき歌の上にても、言よろしく心高く調子を得たるは、少しも巧の無きぞよき也、それにむかへては、よき歌といへど、巧みあるはいやしき也、まして風姿にも意の雅俗にもかゝはらで、只奇言薄切の意をいへるは、總て論にも足らぬ事也、風調の事、心得がたしとの御問、こはいかなる事にか、[15]

これは明和三年（一七六六）九月十六日付の、宣長宛ての書簡である。先に挙げた、宣長が書き送り、真淵に酷評された『賀茂真淵添削詠草』の短歌は、明和二年（一七六五）に真淵の添削を受けたものと推定される[16]から、真淵の忠告・指導を宣長が受け入れることはなく、それ以降も後世風の歌を詠み、真淵に送り続けていたものと考えられる。傍点を附した「既にたび〳〵いへる如く」や、「こはいかなる事にか」といった真淵の口調からは、自分で添削を求めておきながら、それに対する忠言を一向に聞き入れようとしない宣長に対する強い苛立ちが見て取れる。

宣長のかかる不遜な態度は、『萬葉集』に関する議論の内にも及んだようである。自身のライフワークともいえる『萬葉集』への見解に対して、宣長に疑義を挟まれた真淵は、憤激の念を顕わにする。

万葉撰者・巻の次第等の事御記被遣候、是は甚小子が意に違へり、いはゞいまだ萬葉其外古書の事は知給はで、異見を立らるゝこそ不審なれ、か様の御志に候はゞ向後小子に御問も無用の事也、一書は二十年の學にあらでよく知らるゝ物にあらず、餘りにみだりなる御事と存候、萬葉のことをよく知らず、それゆえに師に教えを乞うている立場の人間が、その師の説に異見を立てるなど不審千万であり、「餘りにみだりなる御事」であると、真淵は激昂する。そして、

> 惣て信し給はぬ氣顯はなれば、是までの如く答はすまじき也、しか御心得候へ、若猶此上に御問あらんには、兄の意を皆書て問給へ、万葉中にても、自己に一向解ことなくて問るゝをば答ふまじき也、されども信無きを知るからは、多くは答まじく候也、此度の御報に如此答申も無益ながら、さすが御約束も有上なればいふ也、

といい、宣長が自説について信じる心を持っていないことは明らかであるから、もはやこれまでのように問いに答えることはない、このことを理解した上でそれでもなお質問してくるなら、指導を約束した手前止めはしないが、信じぬ者に多くを答えることはないと、宣長に対して問答拒否ともいえる姿勢を見せている。かかる両者の確執は、後に宣長が謝罪したことで解決し、晴れて問答は再開されることとなったが、それにしても、この書簡に於ける真淵の怒りは尋常ならざるものである。おそらく、真淵は宣長との問答を通して彼の真意、すなわち「歌」に対する価値観や『萬葉集』への認識を巡る彼我の本質的な価値観の差異をはっきりと感じ取ったのだろう。「信し給はぬ氣顯は」、「信無きを知る」といった文言は、そうした宣長の真意を糾弾する言葉にほかならない。

また、このことから、一つ不審な点が浮かんでくるように思われる。それは、『玉勝間』に記された、以下の如き一節に関する疑問である。宣長は『玉勝間』に「師の説になづまざる事」という一章を立て、冒頭で「おのれ古典をとくに、師の説とたがへること多く、師の説のわろき事あるをば、わきまへいふこともおほかるを、いとあるまじきことと思ふ人おほかめれど」と前置きした上で、

師の説なりとて、かならずなづみ守るべきにもあらず、よきあしきをいはず、ひたぶるにふるきをまもるは、學問の道には、いふかひなきわざ也、又おのが師などのわろきことをいひあらはすは、いともかしこくはあれど、それもいはざれば、世の學者その説にまどひて、長くよきをしるごなし、師の説なりとして、わろきをしりながら、いはずつゝみかくして、よさまにつくろひをらんはたゞ師をのみたふとみて、道をば思はざる也、

と主張し、「わたくしに師をたふとむことわりのかけむことをば、えしもかへり見ざることあるを、猶わろしと、そしらむ人はそしりてよ」と述べている。ここでいわれているような学問への心構えについては、続く「わがをしへ子にいましめおくやう」という章の中でも、弟子に対して、「吾にしたがひて物まなばむともがらも、わが後に、又よきかむかへのいできたらむには、かならずわが説になゝづみそ」、「いたづらにわれをたふとまんは、わが心にあらざるぞかし」と、同様の旨が反復されていることから、これを宣長の真意として受け取るに瑕疵はないだろう。また、かかる方針は、学派の内に自由討究の気風を持ち込む契機となり、延いては学問の発展を促すことにも繋がる進歩的な態度であり、当時の価値観に基づく是非はさておき、特段に難じるべき点もない。では一体何が不審かといえば、かかる学問的態度について、宣長がこれを真淵の教えであると説いているということである。先掲した、「おのれ古典をとくに、師の説とたがへること多く、師の説のわろき事あるをば、わきまへいふこともおほかるを、いとあるまじきことと思ふ人おほかめれど」という前置きの直後に、宣長はこのように続ける。

これすなはちわが師の心にて、つねにをしへられしは、後によき考への出來たらんには、かならずしも師の説にたがふとて、なはゞかりそとなむ、教へられし、こはいとたふときをしへにて、わが師の、よにすぐれ給へ

る一つ也、

たとえ師の説と違うものであったとしても、「後によき考への出來たらん」ことがあれば、憚らずにこれを主張し、場合によっては師説の「わろき」ところを指摘する。これを宣長は、真淵から教わったこと、すなわち「わが師の心」であるといっているのである。だがこれは果たして真実なのであろうか。

宣長自身も、「宣長、縣居大人にあひ奉りしは、此里に一夜やどり給へりしをり、一度のみなりき」と述べているように、彼が真淵と直接顔を合わせたのは、両者の邂逅として著名な「松坂の一夜」のただ一度きりであり、そこで「名簿を奉りて、教をうけ給はる」ことになった宣長は、以降は書簡によって真淵の教授を受けていた。だとすれば、真淵が「つねにをしへ」ていた「師の心」は、書簡を通して宣長に教え諭したものということになるだろう。試みに真淵から宣長に宛てた書簡を閲したところ、『賀茂真淵全集』に収められた書簡集、すなわち『縣居書簡』、『縣居書簡續編』および『縣居書簡補遺』に於いて、宣長宛の書簡は全部で十五通あったが、そのいずれにも宣長のいう「師の心」に充当するような文言は見当たらなかった。それどころか、その書簡の中では、先に取り上げたように、師説に疑いを向ける宣長を叱責する内容こそ多く散見されるのである。

こうした点を考え併せるに、これは宣長による潤色と見るほかはないのではないか。「いとあるまじきことと思ふ人おほかめれど」という言には、宣長をしてかかる潤色を為さしめる蓋然性が潜み居るように思われるが、これは邪推が過ぎるであろうか。この件の真相はいかにもあれ、先述した「あがたゐのうしの御さとし言」に於ける学びの方法論を巡る違和も含めて、宣長と真淵の間の認識の隔絶を示す傍証となるのではないだろうか。

少々道行が逸れてしまったので、論を本筋に戻そう。先に挙げた「おのが物まなびの有しやう」の一節に今一度目を遣ると、そこにははっきりと、「皇國のいにしへの意をおもふに、世に神道者といふものの説おもむきは、みないたくたがへりと、はやくさとりぬれば」と、宣長が古学を学ぼうとした動機が語られている。すなわち、若き日の宣長が目指したのは、既存の神道者の説く論がことごとく誤ったものであるから、その謬説を正そうということであり、決して萬葉の歌ぶりを学ぶことなどではなかったのである。だが、そのためには、「皇國のいにしへ」としての神代日本を描いた記紀、わけても『古事記』の研究が不可欠である。そこで彼は、萬葉歌の冠辞から古言を明らかにしようとする『冠辞考』に触れ、『古事記』研究の前段階である古言理解の手段として、『萬葉集』とその研究者たる真淵を見出したのではなかったか。つまり、真淵にとっての古学が『萬葉集』を中心に据えて、そこから放射状に広がってゆくものであったのに対し、宣長のそれは、『萬葉集』から古言へ、次いで古言から『古事記』へ、といった逓次的なものであり、したがって、彼にとっての『萬葉集』は、『古事記』へと歩を進めるにあたって、「ひき、ところよりよくかためお」くものでしかなかったといえるのではないだろうか。だとすれば、宣長にとっての真淵は「古学び」の師ではあったが、「歌学び」の師ではなかったわけであり、先述した宣長と真淵との、歌を巡る認識の乖離に対する疑問も、この一点をもって決着を見ることになるだろう。詮ずるに、宣長にとっての「歌」とは、萬葉歌に限らず、当代に於ける今様の「翫歌」的な詠風をも含めた包括的な謂だったのである。では、そのような位置付けをもって捉えられた「歌」を論ずることは、果たして宣長にとって如何なる意味を持つものであったのだろうか。以下、『排蘆小舟』の内容を追いながら考察を続けていこう。

四　歌の本然

先程までの論に於いて、宣長は『萬葉集』を『古事記』へと到る階梯として捉えていたと述べた。しかし、このことは彼が歌の様式として萬葉を最上位に据えていなかったという見解を導きこそすれ、歌そのものを軽視していたというのにはあたらない。その証拠に、宣長は京都遊学時代に友人である儒生清水吉太郎に宛てた書簡の中で、和歌を好む宣長を非難する清水に対して、「足下僕の和歌を好むを非とす。僕も亦た私かに足下の儒を好むを非とす」[17]と応酬し、さらには「僕の和歌を好むは、性也。又た癖也」[18]とまでいって憚らない。だがそれ以上に、終生自ら公表することがなかった[19]とはいえ、研究者として初めて物したのが、ほかならぬこの『排蘆小舟』なる歌論であったということ、このことこそが、宣長が歌に特別な意義を見出していたということの最大の証左ともいえるのではないだろうか。

だとすれば、宣長が歌を特別視する所以は何処に存していたのか。『排蘆小舟』は、先に掲示した如くに、まず第一条で歌の本然を述べ、続く第二条ではその本然であるところの、「たゞ心に思ふ事をいふ」とは一体如何なることなのかを説く。曰く、それはただ歌を作る当人の意に従って、その実情を詠むことであるという。ところが、あろうことか宣長はこのことをいった後に、自らの手でそれを引っくり返してしまうのである。同条に於いて彼は、「思ふ心をよみあらはすが本然也」と述べた直後にこう続ける。

よき歌をよまむと思ふ心より、詞をえらひ意をまふけてかざるゆへに、實をうしなふ事ある也、つねの言語さへ思ふとをりありのまゝにはいはぬもの也、況や歌はほとよくへうしおもしろくよくよまむとするゆへ、我實心とたかふ事はあるべき也、そのたがふ所もすなはち實情也、

歌の本然とは、その意のままに実情をいうものであると述べておきながら、その一方では、よく詠もうとして言葉を飾るというあからさまな「作為」を肯定し、その「作為」の所為で歌の内容が実心と違ってしまっても、それもまた実情なのであると宣長は主張する。この論理は、一見して明らかに破綻を来している。しかも、この論理的矛盾は同条の論中に於いてはついぞ解消されることはなく、宣長はこれを棚上げしたままに別の疑條へと移り、滔々と弁を続けていくのである。この点について一定の回答を得るには、今少し先を読み進めねばならない。ただし、我々がこの矛盾した言説の内に読み取り得ること、且つまた読み取らねばならぬことは、宣長が歌に於いて実情を重視していたと共に、今一つにはそこに用いられる言辞や拍子の美しさにも重きを置いていたということである。おそらく宣長は、歌に於いて実情そのままを詠むことと、歌としての美しさとが同居していなければならないと考えていたのではないか。彼は第九条の中で、古今集の「仮名序」を引きながら、「いかに情がふかきとて、悲しかりけり悲しかりけりなといひて、鬼神は感ずまじ、深切なる心情より出て、其歌しかも美けれは、をのつから感應もあるべし、又詞のみいかほと優美なりとも、情のなきも感應はあらし、情意ふかく、歌さまうるはしき時は、聞人もをのつから感心し、天地をも動し、鬼神も感應すへし」と述べている。[20] 作歌に於いて詠者の実情と美しい歌ぶりとが相伴ったとき、すなわち、「情意ふかく、歌さまうるはしき」状態になったときに、初めて和歌は和歌たり得る。歌のありさまに対するかような理想がその内に存していたがゆえに、宣長は先の如き矛盾を孕んだ論理を展開せざるを得なかったのではないかと思われるのである。

五　自国意識の奔出

次いで第二条以降であるが、しばらくは歌の詠み方や古歌の特色、風情についてなど、通り一遍の、所謂歌学的な記述が続く。ところが、中盤に差し掛かる辺りから、その内容は徐々に性質を変じていく。その皮切りとなるのが第二十四条である。この条は、歌というものを「詩」と呼んだり、「歌」と呼んだりするのはどういうわけか、という設問をもって始められている。これに対して宣長は、その冒頭で「詩」の字をもって「ウタ」と読む方が本来的な意味としては正しくあたっている、と簡便な答えを述べるのだが、問題はその後である。宣長はこの「ウタ」という語の用字に関するものであったはずの議論を拡大し、以下のように続ける。

> すへて文字はみなかり物也、末の事也、然るを文字と我國の詞と、始めより一つなる物と心得たるか、これ大なる誤也、もとよりある言に、文字をかり用ひたる物と云事を知らす、わらふへし、和訓の、文字に害ある事は人々よくしれとも、漢字の、我國の言に害ある事を知人なし、和訓、文字に害あれは、文字、又我國の語に害ある事、いはすしてしるへし、されは文字につきて言を解するは、末をたつねて本をわするゝ也、

傍点を施した部分からわかるように、元来日本語にとっては文字、すなわち漢字は借り物であるから、そのようなものは我が国の言葉にとっては有害極まりないものであり、したがって、漢字の表記をもって日本語の意を理解しようなどというのは、そもそも本末転倒なのだ、と宣長はいっているわけである。ここには、自国語に対する漢

字の掣肘を極端に厭う、宣長の言語観の一端を垣間見ることができる。

次いで第二十五条では、和歌を「ヤマトウタ」と称することに対し、異を唱える内容となっている。宣長によれば、このヤマトウタという呼称は、漢土より詩が渡ってきたことをうけて、「漢土歌（＝漢詩・カラノウタ）」と「我國歌（＝和歌）」とが混雑せぬよう区別するために、後々作られた便宜的なものに過ぎず、和歌を指していう際には、「倭歌」ないしは「和歌」と書いて「ウタ」と読み、これを呼称すべきであるという。それはなぜか。その回答として宣長は、「歌字はからにもあれとも、うたと云物異國になし」という。つまり、宣長は歌というものを日本に固有の文化であると位置付けているのである。

では一体、彼は如何なるゆえによって和歌に独自性を見出すのか。このことを知る手掛かりは、ここより少し先の段で為されている議論の内に存している。まず、第三十条を見てみたい。そこには、以下のような問いが持たれている。

> 一緇紳先生あり曰、歌は吾國のならはせなれとも、何となく言も女童のやうにて、心もはかなくあだ〳〵しきもの也、大丈夫のわざにあらす、ことに戀部をたてて、その歌甚多して、いと淫靡なるもの也、戀歌にあらぬも、花鳥風月のあたなる事のみにて、正實なる事はたえて詠せす、今日の用なし、無益の物也、返て人をして心とらけ、淫亂に導くのはしたらしむ、決して詠することなかれと、

要するに、和歌には恋歌など淫靡な内容のものが多く、無益であるどころか、むしろ風紀紊乱の具となるものではないのか、ということである。これに対して、宣長は次のように反論する。

すへて歌をむかしより、國家を治め身をおさむるの助也と云より、か丶る説も出來るなり、政道のたすけとし、修身のためにせは、詠歌より近き事、はなはた多し、何そ迂遠の倭歌を待むや、和歌はもとさやうの道にあらす、只思ふ事を程よく云つ丶くるまての事也、然して人間の思情のうち、色欲より切なるはなし、故に古來戀の歌尤多し、

ここにいわれていることは、そのほとんどが第一条で述べられていた歌の本然についての言及の繰り返しである。だが、重要なのはここで宣長が、人間の有する情として色欲を大いに肯定する立場を表明しているということである。さらに、宣長はこれ以降も、歌というものは心に思うことをその善悪にかかわらず詠むべきものであるから、「心におもふ色欲をよみ出たる、何の事かあらん」とし、そもそも「心の邪正美悪」などは、「歌の道にて、とかく論すべきにあらす」というのである。このように、宣長は歌の道に於いて、「実情」や「人情」、「思情」といったもの―これらは後に「もののあはれ」という概念として収斂していく―の一義性を幾度にもわたって強調し、その一方で、歌を「政道」や「修身」と関連付けることや、「善悪教戒」「理非議論」といった思考を歌に持ち込むことを拒絶する。而して、かかる言説は、その奥に底流するある意識の奔出ともいうべきものである。

六　歌を特別視するわけ

その「ある意識」が、具体的な言辞を伴って俎上に載るのは第三十八条以降である。宣長はまず、「人と生れて、ことさら神國に生れたる人間、よもや人情のなきものはあらじ」と述べ、人間というものには、とりわけ日本人

には生来的に人情の備わっていることをいうのであるが、この人情を阻害するものとして、「人の國の四角なる文字」、さらには「唐人議論のかたぎ」という言葉を持ち出すのである。ここでいう「人の國の四角なる文字」とは、勿論漢字のことを指しての謂であり、これを好んで漢詩を尊び、心を制して上辺のかたちをのみ気にし、人情を隠し繕うのは、「唐人議論のかたぎ」であると宣長は批判する。ここに到って宣長は、「神国の人情」と「唐人議論のかたぎ」、またあるいは、その人情を十全に表現し得る「日本語」およびそれを用いた「和歌」と、逆にそれを隠し、取り繕おうとする「漢字」および「漢詩」という明確な二元的対立を措定した上で、自国語ならびに自国の優越を主張するのである。而して、この自国語ならびに自国の優位性こそが、まさしく先に指摘した、「ある意識」の本質にほかならない。また、一方に於いて、ここで展開される中国批判は、取りも直さず当代日本にあって思想的大勢を占めていた儒学に対する批判という側面を多分に有していたものと思われる。たしかに、相良亨のいうように、[21]「されは聖人の教戒、人倫のおさめかた、のこる所なく經傳にしるして、人のよくわきまへしるところ、愚人もをのづから、不義のわけはよくしれり、これ世間一統の通戒也」や、「儒は身を修め家をとゝのへ、國天下をおさむるの大道也」といった記述から、『排蘆小舟』執筆の時点に於いて、宣長に儒学を真っ向から否定しようとする意図はなかったこと、さらに踏み込んでいえば、否定するだけの方法論を未だ確立し得ていなかったことは間違いない。しかしながら、一方では、「ゆきつまりたる腐儒の見識」といった表現を用いていることから、少なくともこの時点にあって、既に儒学に対する批判的な認識をその内に秘めていたという事実は閑却すべきではないし、このことは後に宣長が、『古事記』の研究を進め、古道論を深めてゆくにあたっての重要な動機の一つとなったものと考えられる。

さて、今しがた、宣長の根柢に存していたものが、自国語ならびに自国の優位性であったと述べたが、このことは畢竟、宣長がなぜ歌を特別視し、またそこに独自性を見出したか、という先に挙げた疑問の答えともいえるだろう。宣長の考えは、おそらく以下の如くにある。人間には元来人情が備わっており、その人情の赴くままに述べ、詠ずるのが歌の本来のありかたであった。これは翻っていえば、本然のままに歌をうたうことが、それすなわち人間のありさまだということでもある。だからこそ宣長は、「人間として一向よむ事あたはさるは、可恥の甚しきにあらすや」、「無益の事也とて、己しかよまさるさへあるに、人のよむをさへ譏りにくむは、風雅を知らさる木石のたぐひ」といい、「生とし生るもの情をそなへたるものは、その情ののぶる所なれは、歌咏なくてはかなはぬもの也」というのである。

ここで一点留め置いておかねばならないのは、宣長は日本の「歌」と、中国の「詩」とを、その本質に於いては同様のものと解しているということである。したがって、古代中国の「詩」に限っていえば、これは宣長の批判の対象ではない。ところが後世にあっては中国の人々は、「心さかしくなりゆけは、かの上代のはかなき詞、つたなき意をはぢて、我實情をはいひ出ず、いかにも大丈夫の意をつくり出す」ようになった。だが、人の情というものは、「これ上代も末代も人情にかはる事はなく、今とても人の實情をさぐりみれば、上代にかはらす、はかなくおろかなるもの」である。だからこそ、後世の「詩」は、「みな實にあらず、つくりかされる情」を綴ったものでしかなく、「しかるにその作りかされる僞の情をみて、詩は正しく男らしきもの也とて、悦ふはなに事そや、これ詩の本意にそむけり」という認識のもとに批判されるべきものだったのである。だが、日本の「歌」はそうではなかった。宣長は以下のように主張する。

さて和歌も時代にしたかひて、うつりかはるとはいへとも、右にいへる詩のかはりゆくとは異なり、まづ歌のかはりゆくは詞也、萬葉の歌と中古以來の歌とをよくみくらべみよ、大にことにして、さら〳〵同しものにあらず、されとも情は萬葉の歌も、今の歌もかはる事なし、今の歌とても、たゞはかなくおろかにみへて、女童なとの云べきやうの情のみ也、

たしかに、和歌も時代の変遷と共に大きくかたちを変えていった。だが、和歌の変化というのは、中国の詩の如くにその内実までもが一変したのではなく、あくまでも「詞」、すなわち言辞の変化であって、その基柢にある情のありかた自体は、上代のそれと何ら変わることはないのだ、と宣長はいう。つまり、宣長にとっては、現今の和歌がどれだけ「詞花言葉を翫」ぼうとも、より良く歌を詠もうとして「詞をえらひ意をまふけてかざ」ろうとも、そこには何らの問題もありはしないし、あるいは人倫に悖るとされるような恋歌の類も、「歌」が人の情を正直に述べるためのものである以上は、詠まれて然るべきなのである。こうした上代のままの本質を残したものであるということこそが、和歌を真に「歌」たらしめている要諦であると共に、宣長が和歌を特別視する所以であり、且つまたこのことは、和歌を唯一詠み得る言語としての日本語ならびにそれを運用する共同体としての日本国の優位を信ずる感情と不断に結び付くものでもあった。だからこそ、「實にあらず、つくりかされる情」を日本の「歌」にまで持ち込み、その本質を揺るがさんとする「四角なる文字」や、「唐人議論のかたぎ」、さらにいえば日本の「歌」に対しても「詩」と同様の修身教化の姿勢を迫る「唐人議論のかたぎ」の具象であるところの儒学は、宣長にとっては非難、排斥の対象として認識されるものだったのである。

このことを裏付けるかのように、宣長は、「凡吾神州に生れて和歌を非謗するは、天をそろしく物體なき事也、今日口を開きて言語し、一生涯の用事を辨する報恩のためにも、折〳〵は詠すへきこと也、もし和歌をきらひて詩

をのみ好まは、平生言にも唐音ばかりで事を辨すへし、もしかりにも神州の語言を用ゆるうへは、いかてか和歌を非しる事を得ん、大に天理にそむけり」と、極論を弄してまで和歌を通じた自国への帰属意識を顕わにし、またあるいは、「てにをは」といった助詞の存在を引き合いに出しながら、[22]「吾邦の言語萬國にすぐれて、明らかに詳らかなるは、てにはあるを以て也、異國の言語は、てにはなきゆへに、その明詳なる事、吾邦に及はす」として、自国語への並々ならぬ矜持を覗かせる。勿論、『排蘆小舟』はその内容がことごとく歌を巡る議論である以上、歌論であることは疑いないことであるが、宣長をして『排蘆小舟』を書かしめたその背景に、上述の如き意識の存在を見ることは、牽強付会とはいい切れないのではないだろうか。

七　「日本」の再認識

ここに到るまでに重ねてきた考察によって、宣長の処女作『排蘆小舟』の内に、「自国語並びに自国の優位性」と、それに伴う漢字や儒学への批判という、後に彼の思想に於いて枢要な位置を占める意識の片鱗を看取し得たものと考える。それらはあるいは、『排蘆小舟』執筆の時点にあっては、未だ朧げなものであったといえるかもしれないが、後に儒学を「強事」と呼んでこれを真っ向から否定し、漢籍を「さかしら」な「毒酒」と難ずる一方で、自国語を「妙なること、萬國にすぐれたるをや」といい、[23]それを貶める言説あらば、「ひとへに狂人の言也」と口を極めて排撃する[24]国学者本居宣長の誕生を予測させるものでもあるだろう。

だが、このように自国や自国語の優位を殊更に主張するということは、否定的な捉え方をすれば、コンプレックスの表出であるともいえる。この場合、より具体的な表現をするならば、当代日本に於いて蔓延していた漢籍や儒学、またあるいはその内に横臥する「華夷秩序」に対して徐々に醸成されていた抵抗感が、その悖戻としての「日本」というナショナル・アイデンティティを再認識しようとする国学思想を生む土壌となったのではないかということであり、またそうした土壌は、本書に於いて既に論じてきたように、比較的早い段階で準備されていたものと考えるべきである。

そもそも、宣長以降の国学に於いてその中核を占めることとなる神道は、ある時期までは儒学と共同歩調ともいうべき関係性を有していた。これは、儒学が思想の独立に伴って苛烈な廃仏論を展開し、その過程に於いて藤原惺窩や林羅山といった儒者が神儒合一を企図し、抱合論を構築するという儒学側からのアプローチと共に、伊勢神道中興の祖といわれた度会延佳や、吉田神道から出て吉川神道を開いた吉川惟足など、神道側からの歩み寄りも見られた。[25]かような思想潮流の中にあっては、両者の抱合関係は覆し難く、儒学から神道へと転回した山崎闇斎による垂加神道ですら、遂に儒学的な思想の縛から逃れることは叶わなかった。[26]『玉勝間』で述懐されていたように、若き日の宣長が、「神道者といふものの説おもむきは、みないたくたがへり」と感じたのは、まさしくこうした神道のありさまであったのだろう。

一方、江戸幕府が開かれて後、徳川封建社会を支える思想的背景として重宝されていた儒学だったが、その偏重は従来の日本社会の構造に歪みを齎し始めていた。[27]前田勉は、国学興隆前夜にあたるこの時期の社会を、井原西鶴の言を引きながら、以下のように分析している。

元禄期の井原西鶴が「俗姓筋目にもかまはず、只金銀が町人の氏系図になるぞかし」と言い切った世界は、人間関係がいわば赤の他人の関係として意識されるようになった世界であった。ここでは、親子関係や主従関係でさえも、金銭を媒介とする冷たい関係になる。人情とか情誼とかいうような人格的な結びつきはなくなってくるのである。[28]

前田勉は、こうした社会に対する不安を、ナショナル・アイデンティティが再浮上する契機であったと捉える。続けて前田は、同時代にあって既に日本への強烈な帰属意識を表明していた神道家増穂残口[29]の言説を借りて、このように述べる。

残口によれば、日本は神話の時代から「系図」を大事にしてきた。先祖の神々を祀り、先祖代々の家を相続して、「系図氏姓」を大事にしてきた者たちが本当の「日本人」である。ところが、今の時代は、カネの力によって、身分秩序の最下層に位置する穢多のような者たちが、われわれの上座に座って、かえって「系図氏姓」の大事さを説く我々を嘲笑する。しかし、彼らは「徳智」を尊ぶ中国人の国風に染まった者たちなのだ。彼らはカネの力によって成り上がった者たちであって、神話の時代以来の階層秩序を壊そうとする奴らなのだ。[30]

この傍点を附した箇所に想定されているものが何であるかは、もはや明らかである。残口は神道家であって国学者ではないから、引用した文脈にあるような彼の社会への認識と、国学とのそれとが厳密に合致するものと言い切ることはできないが、殊に傍点部に関していえば、真淵なども儒学の合理主義を批判し、中国を「ことに人の心の悪しき国」と評していることから、同様の見解を持っていたと見てよかろう。ともかくも、こうした思想と社会との両面に於ける異国文化の侵蝕という実状が、強い危機感を随伴しながら、「日本」というアイデンティティの再構成を要求し、国学という思想潮流を喚起するまでに到ったものと考えてよいだろう。

さような経緯をもって成立した国学は、しかしながら、契沖の学を経て確立された真淵の国学思想にあっては、自国の古典、就中『萬葉集』を研究することによって、そこに詠まれた上代の世、すなわち我が国本来の姿を見出すという、いうなれば古代文芸の復興を通した自国意識獲得の運動であった。したがって、そこにはたしかに自国や自国語に対する矜持は看取できるけれども、それは未だ内的な自己完結型の思想としての域を出ないものであったし、上代への回帰を旨とする真淵にとっては、それはそれで一向に構わなかったともいえる。ところが、宣長はそうではなかった。彼は契沖や真淵が打ち立てた萬葉研究の成果を用いることで、そこからさらなる跳躍を試みたのである。而して、『古事記伝』の執筆こそが、その跳躍の方途であるにほかならなかった。折しも宣長の活躍する直前期に、荻生徂徠によって従来の儒学が批判的に再構成されてゆく過程で、これまで半ば癒着していた儒学と神道とが引き離されることとなった[31]。こうした状況を受けて、宣長はこれまでの自己完結的な国学思想から踏み出し、遂に本格的な攻勢に転じたのである。彼は萬葉研究から得た古言をもとに、『古事記』に詳細な解釈を施すことで、儒的思想の支配下にあった神道ならびにそれによって説かれていた神話を、「日本」のもとに奪還すると共に、儒学を激しく攻撃する。宣長以前の国学が、上代への回帰という内的性質をその傾向として有していたのに対し、宣長は『古事記』の解釈作業や、儒学という「日本」にとっての異端思想の排除を通して、恰も上代の「日本」を当代に顕現せしめようとしたかのようである。だからこそ、宣長は自身の論を展開する際に、自国や自国語の優位を殊更に主張する態度を明確にする。なぜなら、それこそが宣長にとっての思想的拠所であると共に、外来思想と対決するにあたっての、ほかならぬ武器として見出されていたからに違いない。

結

最後に、ここまでの論を受けて、今一度『排蘆小舟』に立ち返り、これが如何なる意義を持つものであるかを確認して、本章を閉じることとしたい。『排蘆小舟』は、漢籍の素養を身に着けるべく京都に遊学した宣長が、儒者堀景山に師事していた折に契沖の著書に触れ、さらに帰郷後に真淵の『冠辞考』に出会い、彼らの思想に触発されて書かれたものであった。国学の研究者としては未だ駆け出しであった宣長が物したこの歌論は、続く『安波礼弁』や『紫文要領』の執筆によって見出された「もののあはれ」を用いてこれを再構成した歌論『石上私淑言』に比べると、やはり雑然とした感が拭えないし、先学の多くが指摘するように、論理の矛盾も多く雑駁なものであるが、一方では旧来の歌認識を脱却し、歌を政道や道徳教化の及ばぬ所に位置付けようとする姿勢など、歌論として評価されるべき点も多いだろう。しかしながら、『排蘆小舟』には今一つの大きな価値がある。それこそが、『排蘆小舟』の内に仄見える、宣長思想の萌芽であり、またこのことが、本章に於いて『排蘆小舟』を論の中心に据えて延々と弁を費やしてきた所以でもある。

日本は、江戸時代以前にも幾度か、ナショナル・アイデンティティの危機に直面し、それを打破せんとする気運が高まったことがある。その先駆けといえるのは、柿本人麻呂や山上憶良といった萬葉期の歌人であった。このことについて、この場で詳細を論ずることはしないが、彼らもやはり――時代の後先を考えれば、この言い方はおかしいかも知れないが――和歌を通して、当時隆盛を極めていた漢籍や漢詩、さらにはそれらの文化の大本としての唐代中国に対する、自国語や自国の優位を表明したのであった。

こうした先例を見るにつけても、日本人が自身の帰属母体を再認識するにあたっては、それを脅かす外国文化との対比関係のうちに、まず和歌から始まり、次いでその和歌を構成する言辞としての日本語、さらに日本語の通用する日本という国家、といった具合に、その優越を確認していく手法が採られたようである。而して、江戸時代にあって、この我が国に伝統的ともいうべき手法を執行したのが宣長ら国学者だったのである。したがって、この『排蘆小舟』は単に宣長の処女作としての一歌論という枠組みに留まらず、後年宣長が「日本」を巡る思想闘争に於いて攻勢に転じる際に用いる「武器」の砥石として、彼の諸思想の礎を築いたものであったともいえるだろう。

ところが一方で、宣長は『古事記伝』執筆のあたりを境にして、なぜか「歌」への言及をほとんど行わなくなってしまう。また、本章に於いて考察の対象とした『排蘆小舟』が、宣長自身の手によって筐底に秘されていたことは既に述べた通りであり、このことは『排蘆小舟』の後に書かれた『石上私淑言』についても同様である。両書のかような経緯に関しては、大久保正が『石上私淑言』の「解題」に於いて、

> 本書は宣長の生前刊行されず、宣長その人によってほとんど語られることもなかった。巻一中、例歌を入れるために四行分空白のままになっている所があり、また巻三が書きさしのままで了っていることなどから見て、宣長はこの書を未完のものとして、『排蘆小舟』と共に筐底に秘し、人に示すことを潔しとしなかったのであろう。[32]

という見解を披露している。たしかに、『石上私淑言』に限っていうのであれば、それが未完であったがゆえにとする大久保の指摘は妥当であるかもしれない。しかしながら、未完なのはあくまでも『石上私淑言』だけであるか

ら、宣長がそれを「『排蘆小舟』と共に筐底に秘し」たという記述については、その蓋然性に疑問符を附さざるを得ない。

とはいえ、残念ながらかかる不審点に対する明確な回答を、筆者は現時点に於いて持ち合わせてはいない。宣長は終生にわたって和歌を詠み続けたから、彼が和歌そのものに対する情熱を失ったということはなかったはずである。『排蘆小舟』に於いて宣長は、「和歌は吾邦の大道也と云事いかゝ」という疑条に対して、

> 非なり、大道と云は、儒は聖人之道を以て大道とし、釋氏は佛道を大道とし、老荘は自然にしたかふを大道とし、それ〳〵に我道を以て大道とす、吾邦の大道と云時は、自然の神道あり、これ也、自然の神道は、天地開闢神代よりある所の道なり、今の世に神道者なと云ものの所謂神道はこれにこと也、さて和歌は、鬱情をはらし、思をのべ、四時のありさまを形容するの大道と云時はよし、我國の大道とはいはれじ、

と、あくまでも「吾邦の大道」は「自然の神道」であって、和歌はそれに妥当するものではないと述べているため、後年『古事記伝』の執筆によってそこに自身の古道論――ここでいうところの「自然の神道」――を見出した彼にとっては、和歌を通して思想を語ることはもはや不要のこととなってしまったのかもしれない。

だが、これはあくまで私見に過ぎないが、宣長は和歌に対して、それが和歌であるという以上の意味を持たせるものを一切持ち込みたくなかったのではないだろうか。和歌は和歌として、「たゞ心に思ふ事をいふ」という「歌の本體」のままにあるべきだ、またそうあってほしいと彼は願っていたのではなかったか。そこに何らの思想――たとえそれがほかならぬ自分自身の思想であったとしても――も介在しない、純然たる自国固有の芸術の一つとして和

歌を捉えること、それこそが宣長の真意であったように思われるのである。無論、結局のところ真偽のほどは定かではない。だが、若き日に「僕の和歌を好むは、性也。又た癖也」といったその心持ちのままに、それから幾十年を経てなお、彼が和歌を愛し続けたことだけは紛れもない事実である。かかる見立てが許されるのであれば、それは、ともすればその過激なイメージゆえに置き去りにされがちな、純粋に和歌という芸術を愛し愉しむ一人の人間としての宣長の側面を浮かび上がらせる一助となるかもしれない。

(1) 以下、本居宣長『排蘆小舟』についての引用部はすべて、『本居宣長全集　第二巻』(筑摩書房、一九六八)、三〜七九頁に拠った。なお、引用に際して、片仮名はすべて平仮名に改めた。
(2) 在満と宗武、真淵による論争は宣長が十代の時期に勃発したものであるから、和歌を好んだ宣長が、事の顚末に聞き及んでいたということは十分に考えられる。また、宣長自身も、彼らの論争から十九年後に大菅公圭が物した『国歌八論斥非』に対して、『国歌八論斥非評』を著して反論しており、厳密には論争の参加者の一人であるといえる。
(3) 以下、荷田在満『国歌八論』についての引用はすべて、『新編日本古典文学全集八七　歌論集』(小学館、二〇〇二)、五一三〜五四六頁に拠った。
(4) 鉤括弧内はいずれも、佐佐木信綱『日本歌學史』博文館、一九一〇、二七六頁。
(5) 契沖の歌学観なども、かかる傾向を顕著に有している。このことは、たとえば「詩のをしへのことく哥をも用ゆへし。詩すてに五經の中の隨一なれは、詩の天下に用あることおほきなり。此集をは此國にては、詩經に准すへし。」(『契沖全集　第一巻』岩波書店、一九七三、二一七頁)、「和哥の用は詩とおなし。詩は聖賢をはしめて、代〻の人、天下國家をおさむるにも、これを外にせさるよし、かきあらはしいひつたふ。」(同、同頁)といった記述から窺い知ることができる。
(6) 宗武の『国歌八論余言』に対し、在満は再駁論の書を献上したというが、これは現存していない。
(7) 『賀茂真淵添削詠草』(『本居宣長全集　第十八巻』所収、筑摩書房、一九七三)、六六頁。
(8) 以下、本居宣長『玉勝間』についての引用はすべて、『本居宣長全集　第一巻』(筑摩書房、一九六八)、三三〜四四八頁に拠った。
(9) 賀茂真淵『邇飛麻那微』(『賀茂真淵全集　第十九巻』所収、続群書類従完成会、一九八〇)、二〇五〜二〇六頁。

(10) 賀茂真淵『縣居書簡續編』「十月廿八日栗田求馬宛書簡（明和四年）」（『賀茂真淵全集　第二十三巻』所収、続群書類従完成会、一九九二）、一二二頁。

(11) 賀茂真淵『歌意』（『賀茂真淵全集　第十九巻』所収、続群書類従完成会、一九八〇）、四三～四四頁。

(12) 同、四六頁。

(13) 子安宣邦は、『本居宣長とは誰か』（平凡社、二〇〇五）、六〇頁に於いて、「だがくれぐれも忘れてはならないのは、この『古事記』注釈のためには万葉研究が前提になるという真淵の教えを語っているのは、宣長だということ」であると指摘している。

(14) 同、六一頁。

(15) 賀茂真淵前掲『縣居書簡續編』「九月十六日本居宣長宛書簡（明和三年）」一一七～一一八頁。

(16) 大久保正「解題」（『本居宣長全集　第十八巻』所収、筑摩書房、一九七三）、一六～一七頁参照。

(17) 本居宣長『書簡集』「宝暦某年某月某日　清水吉太郎宛　草稿」（『本居宣長全集　第十七巻』所収、筑摩書房、一九八七）、一九頁。

(18) 同、二〇頁。

(19) 『排蘆小舟』は宣長自身の手によっては公表されることなく、長年筐底に秘されていたが、大正初期に佐佐木信綱が本居家に所蔵されていた本書の存在を知ってこれを紹介し、次いで一九二七年に吉川弘文館より刊行された『増補本居宣長全集　第十巻』に収録されたことで、初めて一般の目に触れることとなった。

(20) この部分は、『古今和歌集』の「仮名序」に、「力をも入れずして、天地を動かし、目に見えぬ鬼神をもあはれと思はせ」云々とあるのを承けての記述であろう。

(21) 相良亨は、『本居宣長』（東京大学出版会、一九七八）、五〇頁でこの点について言及し、ここで宣長の批判の対象となっているものが儒学であることは間違いないとしつつも、「実質的には儒教批判をはじめつつ、正面からは儒教を否定しえなかった」と分析している。

(22) 宣長にとって、こうした「てにをは」の存在は日本語の優秀さを語る上で欠かせぬものだったようであり、後に『てにをは紐鏡』という助詞の運用表と、その注解である『詞の玉緒』という書を執筆している。

(23) 宣長は、自身の「道云事之論」を批判した蘐園学派の儒者市川鶴鳴への反批判書である『くず花』の中で、「そも〳〵天下の学者、千有余年かの漢籍の毒酒を飲て、その文辞の口の甘美きにふけりて」と、漢籍を難ずる一方で、「実に言語の妙なること、萬國にすぐれたるをや」といい、自国語の優位を主張している。

(24) 藤貞幹が、一七八一年に著した『衝口発』の中で、日本書紀を典拠に、日本の文化は「古来、韓より事起りたる」ものであると主張したことに対して、宣長は「狂人に鉗を嵌める」という意を込めた『鉗狂人』という書をもって、貞幹の説を「狂人の言」と痛罵する。この『鉗狂人』を、上田秋成が『鉗狂人上田秋成同弁』という駁論によって批判したことから、宣長と秋成との間に、しばしの間論争が展開されることとなった。

(25) この件で述べた儒学と神道との抱合関係については、主に丸山眞男『日本政治思想史研究』(東京大学出版会、一九五二)、一五四〜一五六頁に詳説されているのを参照した。

(26) 阿部秋生が「儒家神道と国学」(『日本思想大系　二五　近世神道論・前期国学』所収、岩波書店、一九七二)で指摘するように、この頃の神道は「それぞれの流派によって程度の差はあるが、神仏儒の混成理論」であった。山崎闇斎は、はじめ儒学に発しながらも、最終的にはそこを脱却して純粋な神道へと立ち返るべく、垂加神道を興したが、その教義はやはり、理気二元論や陰陽五行といった儒的思想の介入が依然として存在していた。

(27) 江戸時代、とりわけ元禄から享保に到るまでの社会情勢と、そこに儒学が与えた影響に関しては、丸山眞男前掲書の第一章第三節「徂徠学の特質」(七一〜一三九頁)に詳しい。

(28) 前田勉『兵学と朱子学・蘭学・国学』(平凡社、二〇〇六)、三四〜三五頁。

(29) 増穂残口が日本に対して強い帰属意識を持っていたことは、彼の著書に於ける言説を見るに、間違いないものと思われる。しかしながら、自身の思想の内実を述べる件では、「儒法の礼格の、はつきりしたるを借り用べし」(増穂残口『神路手引草』『日本思想大系　二五　近世神道論・前期国学』所収、岩波書店、一九七二、二〇二頁)、「自性の本分儒に近し」(同)、「儒仏兼含で真道なり」(同、二〇三頁)などと述べていることから、彼の神道観についていえば、国学のそれとは全く違っていたものと捉えておかなければならないだろう。

(30) 前田勉前掲書、三七頁。

(31) 古文辞を通して聖人の道こそが絶対であると考えた荻生徂徠は、従来の儒学に入り込んだ他の思想を徹底的に排除していったため、徂徠学の普及と同時に、神道は儒学から締め出されることになった。

(32) 大久保正「解題」(『本居宣長全集　第二巻』所収、筑摩書房、一九六八)、一五〜一六頁。

第五章　自国語を巡る意識の展開

序

前章結部にて言い及んだように、我が国に於いて対外的な自国意識が発揚される際には、それに伴って自国語意識の発揚もまた認められる。では、江戸期にあって盛んに自国意識の昂揚に努めた国学は、自国語というものをどのようなものとして捉え、またどのように語ったのだろうか。本章では、この点について知るべく、国学の先駆である契沖から、真淵を経て宣長へと到る国学思想大成までの道程に於いて、自国語を巡る意識が如何なる展開を見たかを辿り、もって自国語意識と自国意識との関係性を明らかにしたいと思う。

一　契沖の言語観

まずは、契沖の言語観について確認してみよう。彼の著書『和字正濫鈔』の序には、自国の言語に対してどのような認識を有していたかが披瀝されている。

日本紀中訓言語等字云末古登。末者眞也。美言之詞。猶木云眞木、玉云眞玉之類。古登者與事字訓義並通。蓋、至理具翼輪相雙。有事必有言、有言必有事。故古事記等常多通用、於心無僞曰末古古呂。於言無僞曰末古登、信以串五常、信誠也。準人言爲、誠亦言成。製字者、不从心从言、訓字者、不言末古古呂言末古登、因心之愨實全在言中取信於外。又信古文訫也。案製字意、言卽心也。(1)

日本紀の中に言語等の字を訓て「末古登」と云う。「末」は「眞」なり。「言」を美しむるの詞なり。木を「眞木」と云い、玉を「眞玉」と云う類のごとし。「古登」は「事」の字と訓義並び通す。蓋し、至理事を具して翼輪相雙ぶ。事有れば必ず言有り、言有れば必ず事有り。故に古事記等常に多く通用す、心に於いて偽り無きを「末古古呂」と曰い、言に於いて偽り無きを「末古登」と曰う。「信」以て五常を串ぬく。「信」は「誠」なり。「人―言」を「信」とするに準ずるに、誠もまた「言―成」なり。字を製する者の、心に従がえずして言に従がえ、字を訓ずる者の、「末古古呂」と言わずして「末古登」と言うことは、心の愨実全く言中に在りて「信」を外に取るに因てなり。また「信」の古文は「訫」なり。字を製する意を案ずるに、言即ち心なり。(2)

契沖はまず、日本紀に於ける「言語」に纏わる「末古登（まこと）」という語の訓読について触れ、「末」は「眞」、すなわち虚偽のないさまを示す美称の接頭辞であり、したがって、「末古登」は「真―言」の謂であると説明する。また、上代古典に多く例を見る「古登（＝言）」と「事」との通用を指摘し、「有事必有言、有言必有事」

という言葉でもって、「事即言」あるいは「言即事」という関係性について言及している。

次いで、「信」と「誠」という語が持ち出される。契沖によれば、「信」は五常を貫く概念であり、且つまた「誠」に比することのできるものであるという。これら二字の成り立ちは、「信」字が「人―言」という構成であるのと同様に、「誠」字は「言―成」となる。而して、この「誠」字の製作者がこれを「心―成」とせず「言―成」と作ったこと、またこれを訓ずるに「末古古呂（まごころ）」ではなく「末古登（まこと）」の語をあてていることは、およそ人の「心の愨実」というものが「言」の内に存在しているということにほかならない。さらに、「信」の古字である「訫」は「言―心」という構成を採っている。これらの点を考え併せるに、「言」は「心」である（＝「言即心也」）、と契沖は主張する。[3] すなわちここに、「言即事」「言即心」というかたちでもって、契沖の言語意識に於いて「言」「事」「心」三者の相即性という認識が存在していたことを我々は知るのである。

殊に、この「言即事」、すなわち言事融即の観念は、他言語に対する日本語の独自性、あるいは優越を説くにあたっての根拠として古来観念されてきた、「言霊」思想の基層を成す概念として指摘されるところのものである。事実、契沖自身も後の文脈に於いて、次のように述べている。

言有靈驗、祝詛各從其所欲。神日本磐余彦天皇征中洲猾賊之日、祭神祇革薪水等名、以作威稜果獲遂鴻業。如此之驗國史所記、神世人代不可枚擧。萬葉集曰、言靈之左吉播布國、又曰、事靈之所佐國。是此謂也。[4]

言に霊験有りて、祝詛其の欲する所に従う。神日本磐余彦の天皇中洲の猾賊を征たまいし日、神祇を祭るに薪水等の名を革めて、以て威稜の作して果して鴻業を遂げることを獲たまえり。[5] 此の如くの験国史の記する所、神世人代枚挙すべからず。萬葉集に曰く、「言霊のさきはふ国」、また曰く、「事霊のたすくる国」と。是此の謂いなり。

たとえ「祝」であれ「詛」であれ、言葉はそれらを可能ならしめる霊妙な力を有している。ここにその個例として挙げられる神武東征の完遂、すなわち「鴻業」の達成が、言語的儀式によって顕現した「威稜」の働きに帰せしめられていることからも、契沖が「言」の威力を認めていたことは明らかである。ゆえに彼は続ける。萬葉集にいう「言靈之左吉播布國」、「事靈之所佐國」とは実にこのことであると。ちなみに、引用部に於ける契沖の記述については、奇妙ともいえる点が存しているが、これに関しては後述することとし、今は論を先に進めてゆくことにしたい。

さて、ここに見える萬葉集より引かれた「コトダマ」の語を擁する二首、「言靈之左吉播布國」[6]ならびに「事靈之所佐國」[7]は、共にその主語として「大和の国は」という言辞を伴うことで、「コトダマ」の宿る唯一無二の言語を有する国として自国の対外的独自性を強調する意図を含んだ、古代人たちの間に萌芽した「国語意識」の発揚であるということは、つとに先学の指摘するところである。無論、ここで契沖が、当該二首に於けるさような企図を十全に酌んだ上でこれを引用したと軽々に断ずることはできないが、ここに当該二首を殊更に持ち出していることには、必然あるいはそれ以上の意味が存しているものと考えられなくもない。

しかしながら、こうした言語意識を見せる一方で、契沖に於いては、自国語を他国のそれに優越する古今独歩の存在として推し立てるような意識、また延いては、そのことをして自国の優位性の根拠を導くような態度は非常に稀薄であるといわねばならない。このことは、彼の言説の端々から窺い知ることができる。たとえば、『和字正濫鈔』本文には、『沙石集』に於いて展開されている、所謂「和歌陀羅尼論」についての言及があり、契沖はこれを肯定する立場を採っている。[8]また、その少し後の段には陀羅尼の扱いに関して、「陀羅尼を誦ずる者、阿闍梨の傳授を經ずして恣に誦ずれば、聲字を誤まり、章句を誤まりて、効驗なくして却て罪を得る事あり」[9]と述べている。ここで説かれる陀羅尼のありかた、すなわち妄りにこれを口に出し、その際に誦詠の文句を誤るようなことがあれば、効験を得るどころか災禍すら招じかねないという構造は、軽躁な「言挙」を忌む言霊のそれと強い近似を有している。さらにその先では、「此に准らふるに、和歌は神佛にもたむくる物なれば、殊に假名をたゞして、ことわりにそむかぬやうにすべし」[10]とある。傍点を附した箇所からも明らかなように、ここで契沖は陀羅尼と和歌とに於ける言葉の運用について、これをはっきりと同一の地平に並べて語っている。このことは一体何を意味しているだろうか。

契沖の文脈を追う限り、彼が和歌陀羅尼論を容れていることは疑いない。すると、陀羅尼に於いて「聲字を誤まり、章句を誤ま」ることと、和歌に於いて仮名遣いを誤ること、ないしは「ことわり」に背くこととは、蓋し同様の意味を持つ行為にほかならず、かかる行為は、その帰結として「効驗なくして却て罪を得る」状態を導く。だとすれば、このことは翻って、「ことわりにそむかぬやうに」しさえすれば、その手段が陀羅尼であろうと和歌であろうと、一様にして「言」による「効驗」を得ることが可能である、という認識へと繋がっていることになるだろう。

ここで、前掲した「言に霊驗ありて云々」という契沖の言に立ち返りたい。件の引用部について奇妙な点が存する旨、既に指摘した如くである。而して、それはひとえに契沖による「言」や「言霊」の扱いに由縁する。同じく先述の通り、契沖が『萬葉集』から引用した文言は、いずれも述部として、「大和の国は」という主部に応ずる関係にある。このことは、言霊による霊威の及ぶ範囲が、「大和の国」という、ごく限定的な場であることを告示している。しかるに、契沖は言霊に本来的なこの場的制約について全く言及していない。すなわちここに、契沖が言霊の影響範囲を「大和の国」に限定していなかった可能性が浮上する。

　無論、契沖が二首に共通する「倭國者」という文言を、意図的に省略したと断定することはできない。あるいは、引用の直前に「萬葉集曰」と断っているから、両者の出典を明記することをもって、主部「倭國者」を前提しているとも考えられる。だが、縦しんば「言霊」の範囲が「倭國」に限定されるという認識が契沖の内に存していたとして、それでもなお、言葉に胚胎する力というもの、それそのものについては遍く世界に通底していると捉えていたのではなかったか。現に、前掲引用部冒頭に目を遣れば、そこには「言有靈驗」とあるのみであり、「言」の帰属を示すような語——たとえば「大和の国」や「日本」など——は一切伴われていない。ゆえに、契沖に於いては、「言」に備わる「靈驗」というものは、広く言語一般にわたる事態として観念されていた[11]と見るべきではないだろうか。

　かような見方については、しかしながら、なおも先の「言霊」認識の是非と同種の反論が為され得るかもしれない。「言有靈驗、祝詛各従其所欲」という一文の具体例として神武東征の件を挙げていることが、それすなわちこの論脈に於ける「言」の範囲を規定していることにほかならないのではないか、という反論である。だが、契沖の言語認識にかかわる議論に於いて、このことは決定的な問題とはなり得ない。なぜなら、既述の如くに、契沖は和歌と陀羅尼とを等質視する見解を採っていた。だとすれば、少なくとも日本語によって構成される和歌と、悉曇によって構成される陀羅尼に関していえば、契沖はこれらが共に何かしらの言語的威力を宿したものと捉えていたことになるではないか。

『和字正濫鈔』は、その題名の示す通りに、過去に累々たる通説による日本語の濫れ―就中仮名遣いに於けるそれ―を正すことを目的とした書である。契沖は、まずその緒論として、「いろは」や五十音など、日本語の基本事項に関する考察を行っているが、その方法は悉曇や漢語を引き合いに出しながらの比較検討の体を成している。[12]件の和歌陀羅尼論も、かかる考察の過程に於いて言及されたものである。ここに於いて重要なのは、契沖がこの比較検討の途を通じて、日本語が他の二者に比して特別であるとか、優越しているとか、そういった感覚を一切披瀝していないということである。ここまでに述べ来った内容を考え併せるに、契沖に於いては、言葉の持つ力の存在はたしかに認められているが、かといってそれは自国語に限定せられる性質のものではなく、したがって、そのことが自国の特殊性、あるいは優位性といった主張を惹起するということもないと、このように捉えるのが穏当であると思われる。

かかる契沖の言語認識は、ひとえにその学問的態度や、思想の背景を成すところの学識によるものだろう。真淵や宣長に対して少なからぬ方法的示唆を与え、また継承されていった彼の古典研究は、緻密な検討を重ね、ある種執拗なまでに典拠を示すという実証的姿勢に基づく註釈作業によって打ち立てられたものであった。而して、註釈という作業は、出来得る限り厳密に客観性を維持しながら行われねばならない。契沖をして、従前の歌学研究との画期を為さしめたのは、まさしくその註釈作業を通して、主観に起因する臆説や誤謬を斥けようとした点にあった。したがって、かような学問的態度を採る契沖にあっては、自身の個人的感情を伴う評価を研究に持ち込もうとする感覚は極めて稀薄であったものと考えられる。

二　賀茂真淵の言語観（一）

次に、真淵の言語観について見ていきたい。この点を詳らかにしようとするとき、何よりの手掛かりとなるのは、いうまでもなく『語意』であろう。この書は、古語に於ける規則や音韻の転化、清濁、延約などを、五十音図を拠所として解説することを主眼としており、したがって、全体的な内容からすれば、真淵の長年にわたる古典研究の成果を踏まえた語法研究書の体を成しているといってよい。しかしながら、井上豊が「総論において、古道を中心に文明論的に国語観を述べ、国体にも言及している」[13]としているように、『語意』は、その前半部に於いて、真淵の国学的言説が言語論に基づいて展開されており、彼の言語観を総攬するに恰好の文献ともなっている。『語意』冒頭より説かれる真淵の言語観は、井上のいうように、「文明論的」な比較文化論的構造を伴って語られ始める。

これの日いつる國は、いつらのこゑのまに〱ことをなして、よろつの事をくちづからいひ傳へるくに也、それの日さかる國は、万つの事にかたを書てしるしとする國なり、かれの日のいる國は、いつらはかりのこゑにかたを書て、万つの事にわたし用る國なり、[14]

ここに傍点を附した三つの「國」が、真淵にとって相比較すべき対象であり、それぞれに、「これの日いつる國」は自国、「それの日さかる國」は中国、「かれの日のいる國」は天竺を指しての謂である。ここで取り上げられている三者は、先に検討した契沖の言説に於いても比較対象とされていたものであるが、契沖がこれらについて相互の連絡影響を重視しながら論を展開し、[15]殊更に優劣の評価を附すことがなかったのに対し、真淵はかかる比較検討に際して、明確な自他区別の意識を持ち込んでいる点が、まずもって注目される。

真淵は言語運用のありかたという視座から、三者の国ぶりを説く。すなわち、我が日本国では、五十音に従って言葉を紡ぎ、あらゆる事はその言葉を用いて口頭で言い伝えられるが、中国はすべてに於いて「繪」、つまり文字を当てることでこれを表現し、天竺は五十程度の音に「繪」を与え、それによって物事を表すのである、と。ここに於いて、日本と中国とは、「ことばの国」と「文字の国」という定義をそれぞれ付与され、対極に位置付けられており、残る天竺は両者の折衷のようなかたちでもって捉えられている。かような関係性のもとに三者を配置する真淵の姿勢から、中国への強い対抗意識を看取することは決して難しいことではないだろう。而して、これらの国々の言語運用に於ける差異は、さらにそこに帰属する国民の性情の差異へと押し拡げられて語られることになる。

真淵は、先程提示した「ことばの国」という日本のありかたに対して立ち起こるであろう疑問、すなわち「この國にのみかたを用ゐさる」のはなぜか、という疑問を自ら想定し、これを国民の性情という観点から説明しようとする。「日放る國人」は、巧みさを好む民族であり、言葉に関しても、一つの発声の内に多くの「ことわり」を込めようとする。ゆえに、その「ことわり」を表現するためには、「繪」が必要とされる。また、「日の入國」の人々は、細やかな思慮を好む性情を有しており、したがって、「事」や「音」も自然と多くなってしまうので、こちらも「繪」が必要となってくる。

このように、真淵に於いて、日本以外の二国に於いて文字が作られ、用いられてきた事情は、それぞれに「巧みなる事」と「こまやかなる思ひかね」を好むその国民性に根差す、ある種の必然として解釈されている。だが、かかる必然の産物としての文字の存在は、そうであるからといって、文化の多様性という観点に従って、等しく価値を持つことを許されるものとは捉えられなかった。それゆえ、真淵は「千よろつの音にかたを作れる」中国のありさまを指して、「うたてあり」と不快感を表明する。だが一方で、同じく文字を用いてきたはずの天竺に対しては、中国に向けられているような強い批判を行おうとはしていない。たしかに、こちらも文字を用いていることについて難色を示すような書きざまは見られるものの、「た、いつらはかりの音のかたもて、萬つにうつしやるへくせしは、こまやけく思ひ兼たる也」と、むしろ擁護するかのような態度すら取っている。このあからさまなまでの両者への評価の差は、一体何処に由縁するものであるか。

この疑問を解くその方途は、前二者への評価の件に引き続いて為される、自国についての言及の内に存している。

これの日出る國はしも、人の心なほかれば事少く、言もしたかひてすくなし、事も言も少なかれは、惑ふことなく忘る、時なし、故天つちのおのつからなるいつらの音のみにしてたれり、[16]

真淵の思想を従来然として追うのであれば、右掲の一節にあっては、「人の心なほかれば」や、「天つちのおのつからなる」といった文言に注意を傾けるのが常道であろう。だが、ここでは傍点を附した部分に着目したい。真淵はこのように述べている。日本という国は人心が素直であるから「事」が少なく、ゆえにまたそれを表現する「言」も少ない。これほどまでに「事」も「言」も少なければ、迷ったり忘れたりすることもないのだから、日本に於いては五十音さえあれば十分なのだと。

先の中国ならびに天竺についての言及と、ここで語られている日本の特質とを照らし合わせるとき、我々はそこに言語を巡る一つの価値観を見出し得るものと思われる。それはすなわち、真淵にとって言語の優劣の規定は、その言語に於ける「言」や「繪」の多寡によって判断されるべきものであったということである。かかる立言は、単に既述の点のみを恣意をもって解釈し、導いたものではない。事の核心を衝く文言は、真淵自身の手によって『語意』の文中に用意されている。

　　から國の字彙ちふ書に、用有字とて三万三千を出せり、天竺の悉曇は、四十餘の字もて釋迦の五千餘巻をも書り、此字の多が宜か、少きかよろしきか、

真淵は自ら立てたこの問いに対して、「天下は事少くて治るこそよけれ」といい、さらにこう続ける。

　　然らは、其天竺の四十餘も用すして、言をよく傳て、天皇万代を嗣給ふ皇朝こそ天下に勝れたれ、

ここに於いて、三者の序列は、「文字の有無」ないしは「文字の多寡」という価値判断によって明確に限られる。すなわち、「天竺の四十餘も用すして」、「いつらの音のみ」で万事を為す「日出る國」こそが至上であり、次点が「四十餘の字」を用いる「日の入國」、対して「三万三千」の用有字を持つ「日放る國」は、最も格下に据えられることとなる。

だが、ここに今一つの新たな疑問が生じる。それは、かような判断基準が果たして妥当性を有するものなのか、換言するならば、擁する文字の多寡が言語の優劣を左右する―しかも、それは少なければ少ないほど優れている―という主張の根拠は、何処に求められ得るのか、ということである。今仮に、真淵の思惑の如くに、文字の多寡が言語の価値についての判断材料として的確な要素であったとしよう。だがそれは、「多―寡」という対立構造を基軸としている以上、それに基づく価値判断を容易に顚倒させ得る可能性を孕む。それゆえに、たとえば次のようにいうこともできるはずである。「言語の価値は文字の多寡によって判断される。中国には三万三千もの文字があり、それらを用いておよそすべての物事を表すことが可能である。また、豊富に文字があるということは、様々な事柄を記録し、それを後世に残す上で実に有用である。かたや、日本は元来自前の文字を持っていなかった。古来何事も口伝でよく伝わってきたというが、伝聞に伝聞を重ねた情報の正確性など甚だ怪しいものである。しかも、そのようにいっておきながら、結局は中国から文字を移入してそれを用いているではないか。やはり文字の多い方が優秀である。」と。したがって、かかる価値判断を持ち込むためには、文字が不要なものであるということ、否、それどころか、文字の存在が言語の価値を貶めるものですらあるということを積極的に弁証せねばならぬ。真淵はこの問題を如何にして解消しようとしたか。

これと同種の疑問は、茂木誠によって、真淵思想に於ける問題点の一つとして既に提示されている。而して、その言及の次第は以下のようなものである。

第二は、「自然」の対立概念である文化の指標となる文字の有無である。聖人が文化をもたらしたとする儒教からすれば、文化形成の重要な契機である文字を持たず、中国の漢字によって自国の言葉を記した日本の文化のあり方は、文明の発展段階という点からも、また古代の事跡の記録という点からも、国学を批判するのに格好の攻撃材料となっていた。これについて真淵は、……漢字を日本語を記す一時的な借りものとしてみているだけで、問題の核心には踏み込んでいない。この課題は宣長まで持ち越されたとすべきであろう。[17]

たしかに、真淵は漢字について、日本語の音を表記するにあたっての借り物として認識する見解を随所で披露している。[18]しかしながら、果たして真淵は、実にかかる認識のみに終始していたのだろうか。茂木の指摘する如くに、事の核心に踏み込むことはなかったのか。

その答えは、恐らく左に掲げる一節にある。

是ぞ此ことばの國の天地の神祖の敎へ給ひしことにして、他國にはあらぬ言のためしなることを知へし、かゝれば、此いつらの音をあつめなせしも、うつしき人草ならふ中つ代のわざならず、いともたふとき神ならふ代に、天御孫命の御代の千五百代にもかはらぬことばの國のもとをしめさへ賜ひしものになもある、[19]

ここで日本語のありさまを説く真淵の言は、日本語が「天地の神祖の敎へ給ひしこと」、つまり神授のものであるという認識を闡明するものにほかならない。しかも、彼の採る言語神授の立場は、遍く言語は神からの授かりものであるというのではない。真淵に於ける神授の言語は、「他國にはあらぬ言のためし」[20]を有する日本語以外にはあり得ない。すなわち真淵はここに、「神祖の敎へ」という規定のもと、日本語と他言語とを峻厳に分かつ一線を引かんとしているのである。

とはいえ、この言語神授説の採用によって齎される彼我の峻別意識は、それ自体として見れば真淵本人の持つ自国語優位の意識を開示したという意味に留まるものであり、したがって、先に問うた点についての解決を直接的に担うものではない。事の争点は、あくまでも文字の価値は如何というところに存しているからである。だが、真淵がここに披瀝した言語神授の立場は、前掲引用部後半の言及にまで視線をのばすとき、ある意図を持ったものとして立ち上がってくるように思われる。

「是ぞ此ことばの國の天地の神祖の敎へ給ひしことにして、他國にはあらぬ言のためしなることを知へし」と述べた真淵は、直後に「かゝれば」と言葉を接ぎ、「いつらの音」について、これを「ことばの國のもと」であると説明する。この「いつらの音」、すなわち五十音は、『語意』冒頭部にて「日いつる國」のありかたを規定する際に、その中核を成していた「いつらのこゑ」と同義であり、そしてそれは、「ことばの國のもと」という言からも明らかなように、真淵にとってはまさしく「「日本」そのものの原理」、あるいは「宇宙的な秩序の象徴[21]」ともいうべき重要性を持つものとして観念されている。而して、真淵はこれを、「いともたふとき神ならふ代」に「しめさせ賜ひしもの」であるというのである。

このことは、一見して先程言及した言語神授の論脈と同様の域を出るものではないようにも思える。だが、この段に於いて真に傾注すべきは、「いともたふとき神ならふ代」の直前に出現している一文、すなわち、「うつしき人草ならふ中つ代のわざならず」という件である。その構成を見るに、両者は対句様の形式でもって対立項として措定されていること、明白である。これをよりつぶさにいえば、「いともたふとき」と「うつしき」、「神ならふ世」と「人草ならふ中つ代」が、いずれも対照関係を持つものとしてここでは述べられているということである。だとすれば、「人草ならふ中つ代」に続く「わざ」は、一体何と対照を成すか。その答えはおそらく、「敎へ」ということになるだろう。

かかる見解に沿って前掲引用部（一六七頁）を捉え直すならば、日本語が他言語に優越するそのわけは、それが「うつしき人草ならふ中つ代のわざ」によるものではなく、他言語とは異なり神授のものである「天地の神祖の教へ」——しかもそれは神代から「天御孫命の御代の千五百代」の長きにわたってそのままに維持されてきた——に従って云為されてきた、という点に存していることになる。この「中つ代のわざ」は、あるいはこれを人間による「作為」と言い換えてもよいかもしれない。これに対して、「千五百代にもかはらぬ」ままに保たれてきた「神祖の教へ」は、いささかの人為も加わっていないもの、すなわち「自然」ということになるだろうか。このように考えるとき、こうした言語を巡る真淵の言説のその水面下から、真淵思想に通底する、例の「からごころ」と「おのづから」という対決構造が、まさしく二重写しの如くに浮かび上がってくるように思われる。このことをもって、我々は真淵の言語意識もまた、かかる対立軸によって厳格に裏打ちされたものであったことを知るのである。

而して、この対照構造の内にあって、それぞれの立場を仮託されているのが、「ことば」と「文字」であると考えられる。つまり、真淵にとって、古代より変わらぬ「神祖の教へ」である日本語は、彼の遵奉する「自然」の体現であり、かたや「うつしき人草ならふ中つ代のわざ」の産物として生み出された文字は、謂わば人間による「作為」そのものだったのである。だからこそ、真淵の言説上では、文字の多寡が言語の優劣を分かつ有効な指標となる。擁する文字の数は、真淵にすれば「作為」による汚染の度合いと同義であった。ゆえに、前掲した茂木の指摘はあたらないとすべきであろう。なぜなら、ここに於いて真淵は、日本語が文字を有していなかったという、ともすれば欠点ともいえるような事実を逆説的に用いて、それを明確な意図のもとに一つの価値へと押し上げ、また同時に、「作為」の顕現たる文字の価値を転覆せしめようとしているからである。

こうした価値観のもと、真淵は文字を峻拒し、それが日本語に混入することの禍を難じる。

ある人のいへらく、こゝは言の國にしあれは、他の國の字を用ゐざりし代をめづる事、一わたりはさるいはれ聞えたり、しかはあれと、字をしもからすは、ひさゝに傳へ遠くにもいたらさらましをはいかにと、(22)

ここで「ある人」によって呈されている疑義は、日本が「言の國」であること、また、それがゆえに、「他の國の字を用ゐざりし代をめづる」ことについて、一定の理解を示した上でのものである。その上でなお、物事を「ひさゝに傳へ遠くにもいたら」しめるという点に於いて、文字の有用性というものは肯われて然るべきではないか。かかる疑条は、真淵の主張に対して、当然立ち上がってくるべき反問であるといえる。

この点について、真淵はこれを「末の濁れるを汲ならひて、みなかみのすめるをそしらんが如」き見解であるといい、その由を次のように説明する。

此國人は心なほければ事も少くして、いふ言にまとひなく聞て忘るゝことなし、言にまどひなければよく聞得、忘れされば遠くも久しくも傳へ、民の心直けれは君か御のりもすくなし、たま〳〵にみことのりある時は、風のごと四方の國にひゞき、水のこと民の心にとほれりけり、しか有からは、天の益人かたりつきいひつがふ事に誤りなく、ひさゝに守りて違ふ事なし、(23)

そして、「かゝらば何の字をか用ゐん」と言い放ち、その返す刀で、「他の國人の心に八十枉つ事を隠し、言に百のよき事を篣れるとはことなる也」と断じ、他国との絶対的乖離を強調するのである。

殊に、真淵に於いて、かくの如くに他の国との乖離性を強調することは、言語を巡る一連の主張を成らしめるにあたって、欠くべからざる重大事であったはずである。真淵の考える日本語が、「天地の神祖の教へ給ひしこと」という規定に基づいて、唯一性あるいは独立性を担保されたものであるならば、たとえ僅かであったとしても、そこに他国との類似を認めてしまえば、自国語に限定して付与した神性をそこに留め置くことが著しく困難になり、立論が根柢から崩壊する事態に繋がりかねない。ゆえに、『語意』の中では、様々な側面から他言語との相違が繰り返し説かれることになる。

此いつらの音をつらねいふは、日の入國にならへり、といふ人有こそうこなれ、此國の古しへ人こと丶はさらんや、こと丶ふは天地のち丶は丶の敎なり、かれしらす此いつらの音もあるめり、

其通音・轉音・延音・約言さま〳〵にて、中には甚むつかしく通はしたるもあれば、其本はおのづからしかいひしもの也、是卽此國の天地の言のかなふなれば、人の國の事を借しにあらぬ事をしるべし、

右掲のように、他国言語からの影響を強硬に否定する態度や、あるいは「日放國・日の入國はた丶音もていひ、此國は言を専らとして音は次とす」、「うちつ國は音正しくして明らけし、四方の國はおの〳〵ことにしてかけたる事多し」といった文言の数々は、先述の如き「立論の崩壊」への危惧と、おそらく無関係ではないだろう。

だからこそ、冒頭で展開された三国間での比較討究に於いては一定の理解を示されていた「日の入國」天竺でさ

え、日本と差し向かって比較される際には、当然ながら擁護の対象とはなり得なかった。このことは、本文で引用したいくつかの件からも明らかであるが、さらに例を挙げるならば、「天竺には、たとへば加行のみにも、加　我　伎也　加牟　我牟　伎也牟の六つ有て、合て三十音也、次にかくの如くの音を合せれは、甚多し、此國には清音五十の外に濁音二十有のみにて、甚言少し、其少きを以て、千万の言にたらはぬ事なきは妙ならすや」[24]という言説が注目される。ここでもやはり、多か少かという判断基準が持ち込まれており、「少き」ことこそが「妙」であるとされていることから、言語にかかわるあらゆる要素は出来得る限り少ない方がよいというのが、真淵に一貫した言語意識であったことが諒解されるだろう。文字にせよ音にせよ、それが多ければ多いほど、言語は「自然」な状態から懸け離れてゆく。そしてそれは同時に、言語が「作為」に塗れてゆくことにほかならなかったのである。

　このように、何事に於いても「少」を優位とする価値意識を積み上げる真淵の言語観は、その一方で、「少」が「多」に優越するというその根拠を、十全に呈示することができていないように思われる。様々な角度から他言語との絶対的差別を何度も強調し、日本語の神性を説き、「作為」と「自然」という対立構造を持ち込んで、文字や音の少なさに優位を見出そうとするその言説は、肝腎の日本語に対する言及を見るにつけ、どうにも曖昧模糊とした印象が拭い切れないのである。だが、我々が懐くそのような感覚とは裏腹に、真淵は自国語の至高性を強弁して憚ることはない。彼の強気の態度を下支えする、その根拠の源は何処に求められ得るのか。

三　賀茂真淵の言語観（二）

　このことを検証すべく、今一度先に挙げた、文字を不要とする旨を説明した真淵の言に立ち戻ってみたい。

此國人は心なほければ事も少くして、いふ言にまとひなく聞て忘る、ことなし、言にまどひなければよく聞得、忘れされば遠くも久しくも傳へ、民の心直けれは君か御のりもすくなし、たま〳〵にみことのりある時は、風のごと四方の國にひゞき、水のこと民の心にとほれりけり、しか有からは、天の益人かたりつきいひつがふ事に誤りなく、ひさゝに守りて違ふ事なし、

日本人の素直で質朴な性情ゆえに「事」が少なく、したがって「言」のありかたも煩雑にならないという前半部の説明は、『語意』全体を貫く真淵の基本姿勢であり、冒頭に於いても既に同じような表現が見えている。ここでは、日本語に文字が不要である理由として持ち出されているが、従来の見解を重畳しているという以上のものではない。「民の心直けれは君か御のりもすくなし」というのも、同様の論脈の内に理解して差し支えあるまい。だが、その直後の記述はどうだろうか。「みことのり」が発せられた際に、それが「風のごと四方の國にひゞき、水のこと民の心にとほ」るのはなぜなのか、その具体的な理由がここでは明らかにされていないように思える。引用部の文脈の中で考えれば、国民の「直き心」がそれにあたるのかも知れないが、それにしてもいささか腑に落ちない。先に「曖昧模糊とした印象」と述べたのは、まさしくこうした点についてなのである。

　あくまでも私見に過ぎないが、かくの如き真淵の言説の背後には、言葉の持つ力の存在が前提されているように思われる。これは、単刀直入にいってしまえば、「言霊」の存在への確信こそが、日本語に纏わる真淵の言説の基柢を成しているのではないか、ということである。仮に「言霊」の霊威の働きが言外に前提されていると考えれば、先の一節に於いて為されていた「風のごと四方の國にひゞき、水のこと民の心にとほれりけり」という一見突飛な発言にも得心がいくように思う。而して、この仮説に一定の信憑性を齎すのが、真淵による言霊への言及であ

る。

『語意』全体に於いて、真淵が直截に「言霊」という語を持ち出すのは、僅か一箇所に過ぎない。この事実のみを見るならば、前段に於いて提示した、言霊が真淵の言語意識の基層となっているなどという考えは、到底妥当しないもののように思われるかもしれない。だが、真に傾注すべきはその言及の回数にあらず、如何なる論脈に於いて「言霊」という語が登場し、そしてそこに如何なる意義が帰せられているか、それこそが重要である。では、この語は何処に出来してくるか。

> 是ぞ此ことばの國の天地の神祖の敎へ給ひしことにして、他國にはあらぬ言のためしなることを知へし、かゝれば、此いつらの音をあつめなせしも、うつしき人草ならふ中つ代のわざならず、いともたふとき神ならふ代に、天御孫命の御代の千五百代にもかはらぬことばの國のもとをしめさへ賜ひしものになもある、故いにしへより言靈の幸はふ國ととなふなり、

実に、言霊への言及が為されているのは、言語神授ならびに作為の否定を述べた件の直後に於いてである。しかも、そこでいわれていた自国語のありかたは、「故」という言葉でもって、「言靈の幸はふ國」へと引き取られていることがわかる。このことは翻って、『語意』の中で自国語の優秀さを説く真淵の主張が、自国が古代より「言靈の幸はふ國」とされていたという点にその根拠を置くものであったということでもある。

では、真淵はその「言靈」を一体どのようなものであると認識していたのだろうか。彼は、萬葉歌の註釈書である『万葉考』の中で、『萬葉集』に現れる全三例のコトダマという語について、それぞれ註を残している。

〈八九四〉神代欲理。云傳介良久。【云傳の弓は多倍約、介良久の良久は留の延言なり、】虚見通。【冠辭】倭國者。皇神能。伊都久志吉國。【嚴也、】言靈能。【我皇國は字を用ゐす言の國なりしかは、たふとみてそのことばに魂の有といふ、】佐吉播布國等。【さきはふ國と云は、かの言もてつとふるに、さち合國といふなり、】[25]

〈二五〇六〉事靈。【言靈は、いふ言に卽神の御靈まして助くるよし也、さて其言は、うつしみの八十ことのはといへる如く多ければ、八十とつゞけて、且多くの街に問夕占に告る言にしるし有るべきよしなり、】八十衢。【多くの街ごとに夕占を問ふなり、】夕占問。占正謂。妹相依。【妹に相あふべき由縁を正しく占にのり出せと祈る也、】

〈三二五四〉志貴島。倭國者。事霊之。【事は言、霊は神御魂なり、】所佐國叙。眞福在乞曾。【かく神の幸給ふ言擧して祈るからは、眞幸くて命長く在ねこそといふ也、こその辭二有、こゝは願ふ辭也、然るに今本コソをコクと見て與具と書るは誤れり、よしは別記にいふ、】

これら三首に附された註をもとに、真淵の言霊観を整理していこう。まずはじめに注目すべき点は、三二五四番歌の「事は言」という言及である。「心」についての言及こそないが、前節で見た契沖の認識と同様にして、真淵もまた「言即事」という「言事融即」の観念を有していたことがわかる。また、言霊という語についての認識は、「いふ言に卽神の御靈まして助くるよし」とあるように、言葉には「神の御靈」、「神御魂」が宿っており、その霊威の働きが人を援助するものであると捉えられている。そして、最も重要なのは八九四番歌の註である。ここで真淵は、言葉に「神の御靈」が宿る理由について、「我皇國は字を用ゐす言の國」であるからだと説明している。これは、真淵が「神の御靈」の宿る言語、別言すれば言霊のありかを、「我皇國」に限定して考えていたということを確示するものといえるだろう。また、「字を用ゐす言の國」であるという規定は、『語意』に於いて為されていた自国語への言及と軌を一にするものであり、これは真淵にとって自国語の優位を説くにあたっての大きな論拠とされていた。このことから、真淵が自前の文字を有していないという事実を積極的に肯定する言辞を連ねていたその背後には、やはり自国語のみに宿る言霊の存在に対する信服の念があったものと考えられる。而してその言霊は、存在の条件として字を用いないこと、すなわち発話によって霊威が発動するものであると観念されていたものとおぼしい。このことは、二五〇六番歌の註に於いても、「言靈は、いふ言に即神の御靈まして」と、あくまでも発声された言語について霊威が宿ると述べられている点からも肯われよう。

四　本居宣長の言語観（一）

では、宣長は自国語についてどのような認識を持っていたのだろうか。彼は、自身の思想に於いてその窮極的な背景と為したところの『古事記』の内容を明らめるべく、その前提作業として「古言」についての仔細な究明を行った。まさしく、そうした「古文、古語の研究の歸納的結果」[26]である宣長の言語に関する研究成果は、したがって、彼の師である真淵のそれに比して一層精緻であり、且つまた複雑にして多端なものである。而して、その多岐にわたる宣長の言語研究については、村岡典嗣がこれを「語學説」として分析検討し、その内実を「てにをはの研究」、「動詞形容詞の活用を説いた説」、「音韻上の學説」、「古書の訓詁」の四つに大別して、各々の特長と意義を明瞭に纏めている[27]し、文法をはじめとして、宣長による日本語に関する諸事項の細微にわたる研究内容の一々を追跡することは、国語学の範疇に属するものであり、そもそも本書の領分にない。ゆえに、本節に於いては宣長の「語學説」の内、言語観と国家観とが相関連している言説に焦点を絞って検討する。

かかる方針に沿って考察を進めるに、重要な著書として『漢字三音考』が挙げられるだろう。一書は、読んで字の如くに、呉音、漢音ならびに唐音という三種の漢字音について言及したものであり、その執筆の理由について宣長自身は、

三音とは、其音漢呉の二つあるに、近世の唐音を加へて云也。然るに其漢音呉音の來由性不正及び三音の優劣など、諸説紛々として一定しがたく、世人これに惑ふが故に、今此書を著して委く是を辨へ定め、(28)

と述べているが、その背景には、それらとの比較を通して「皇國の言語」の優秀さを説くことが、一つ大きな動機として存していたものと見える。

宣長はまず、「皇國の正音」と題した章を立て、

皇大御國は、天地の間にあらゆる萬國を御照し坐ます、天照大御神の御生坐る本つ御國にして、即其御後の皇統、天地と共に動きなく無窮に傳はり坐て、千萬御代まで天下を統御す御國なれば、懸まくも可畏天皇の尊く坐すこと、天地の間に二つなくして、萬國の大君に坐ませば、

と書き出している。これは、自国が日神天照大神の「御生坐る」国であることや、その天照大神による「天壌無窮

の神勅[29]」のもとに繁栄を保障された国であることを述べた、所謂「お国褒め」的言説であり、ここでは、後の主張へと続けるための、謂わば枕としての役割を担っている。

さて、右の如き「枕」を承けて、宣長は神によって予祝された自国を、優れて尊い「萬國に上たる」国であるという。そして彼は、日本はかように優れた国であるゆえ、あらゆる物事もまた、みな一様にしてめでたいものであるが、その中にあって一際優れたものがあるといい、言語の存在を挙げるのである。

> さて如此尊く萬國に上たる御國なるが故に、方位も萬國の初に居て、人身の元首の如く、萬の物も事も、皆勝れて美き中に、殊に人の聲音言語の正しく美きこと、亦夐に萬國に優て、其音清朗ときよくあざやかにして、譬へばいとよく晴たる天を日中に仰ぎ瞻るが如く、いさゝかも曇りなく、又單直にして迂曲れる事無くして、眞に天地間の純粋正雅の音也。

引用部からは、宣長が自国言語の優秀さを、特にその「聲音」の点に見出していることがわかる。宣長にいわせれば、日本語の「聲音」は、さながら曇りなき晴天の如くに「清朗ときよくあざやか」であり、その「單直にして迂曲れる事」のないさまは、まさしく天地の間にあって唯一の「純粋正雅の音」なのである。而して、宣長は日本語の「聲音」が「純粋正雅」たる所以を、「五十の音」の明快かつ過不足のないことをもって説明しようとする。

> さて其五十の音は、縦に五つ横に十づゝ相連りて、各縦横音韻調ひて亂るゝ事なく、其音清朗なるが故に、いさゝかも相渉りまぎらはしき事もなく、十一の音に平上去の三聲を具して、言に隨て轉用す。又五十にして足

ざる音もなく、餘れる音もなき故に、一つも除くことあたはず、亦一つも添る事あたはず。凡そ人の正音は此に全備せり。

このように、五十音に対して強い関心と信服とを寄せる傾向自体は、真淵に於いても同様に認められるものであった。したがって、そこに真淵の言語観からの影響を看取することは咎められないだろう。しかしながら、五十音を見据える両者の視点には、その本質に於いて差異が存しているようにも思われる。真淵の場合は、他国の声音の多さに比して、日本語は「いつらの音」、「いつらのこゑ」のみで万事が事足りるという点に価値を見出していた。音の少なさはそれによって構成される「言」の少なさであり、「言」の少なさは同時に、「言」によって表現されるべき「事」の少なさでもあった。而して、我が国に於いて「事」が少ないということは、畢竟ずるに、多くの「事」を生ぜしめない人々の心の「直さ」の証左であるとされる。すなわち、真淵に於いて五十音の価値というものは、「おのづから」なる「道」に従って生きていた古代人の質朴正直な性情、延いては彼らの生きた理想社会としての萬葉世界へと、窮極的には回収されるものであった。その点に於いて、真淵の自国語に対する意識というものは、自身の憧憬の対象であるところの萬葉的世界観を描写するにあたっての補助線としての役割を出ていないように見える。それゆえであろうか、他の言語と自国語とについて語る際の真淵の口吻は、たしかに他言語に対して批判を加え、そこに優劣の判定を持ち込みはするものの、それが全否定の域にまで立ち入ることはない。あるいはこのことは、優劣を規定する方途として、既述のような「多寡」の基準を持ち込んでいることに由縁しているかもしれない。この判断基準からは、「全か無か」「是か非か」といったような明確な判定は導出されず、あくまでも「〜よりよい」ないしは「〜より悪い」という、グラデーションを帯びた評価に終始することになるからである。

一方、宣長は五十音を「全備」という言葉によって象徴的に表現している。すなわち、彼の認識に於けるそれは、不足も過多もなく、したがって、人の手によっては何一つとして取り除くことも添加することも許されない、全く完成された秩序としてある。ゆえに、宣長は「此五十の外は、皆鳥獣萬物の聲に近き者にして、溷雑不正の音也と知べし」と放言して憚らない。真淵にあっては階調的に捉えられていた自国語と他国語との優劣関係は、宣長に到って絶対的なそれへと組み直される。そこに於いては、五十音の内に「全備」された声音のみが「純粋正雅」な人間の「正音」として認められるものであり、そこから逸脱した音はみな等しくその「溷雑不正」さゆえに、「鳥獣萬物の聲」の如きものと見做されたのである。

このように、宣長の言語観に於いて、五十音は自国語と他国の言語との間に一線を画す、極めて重要な意義を持つものであったが、自国語こそが至高の言語であるというその確信を支えたのは、五十音の存在だけではなかった。彼は、日本語の活用の妙にも目を向けている。

皇國の古言は五十の音を出ず。是天地の純粋正雅の音のみを用ひて、溷雑不正の音を厠へざるが故也。さて如此く用る音は甚少けれども、彼此相連ねて活用する故に、幾千萬の言語を成すといへども、足ざる事なく盡る事なし。そのうへ一言のうへにも亦活用ありて、

—中略—

凡て如此く、活用助辭に因て、其義の細にくはしく分るゝ事甚妙にして、外國の言語の能及ぶ所に非ず。

宣長の語学研究に於ける顕著な業績として知られるのが、「係り結び」の発見である。宣長は、『萬葉集』と、

『古今和歌集』から『新古今和歌集』までの所謂「八代集」を中心に、約一万四千首にもわたる数の歌を精査することを通して、「係り」と「結び」の呼応関係を確定し、その成果を『てにをは紐鏡』『詞の玉緒』として纏め上げた。宣長が、かかる研究に一方ならぬ情熱を傾けたわけ、別言すれば、係り結び研究の先に見出そうとした問題関心の所在について、大野晋は、私見であると断った上で、次のような見解を披露している。

では、宣長は何故係り結びの調査を遂行したか。私見によれば、宣長は、古文と宣長當時の言語との最大の相違點を、古文における係り結びの存在、宣長當時の言語における係り結びの不存在に見たのである。(30)

この指摘は卓見であるように思う。現に、中古以降には、係り結びの呼応関係を蔑ろにする、所謂「破格」が横行するようになっており、宣長自身も『詞の玉緒』の内に、

てにをはは、神代よりおのづから萬のことばにそなはりて、その本末をかなへあはするさだまりなん有て、上がれる世はさらにもいはず、中昔のほどまでも、おのづからよくとゝのひて、たがへるふしはをさ〳〵なかりけるを、世くだりては、歌にもさらぬ詞にも、このとゝのへをあやまりて、本末もてひがむるたぐひのみおほかるゆゑに、(31)

と、「破格」を問題視する意識を覗かせている。『古事記』の真意を看取するべく、我が国の古語のさまを詳らかにせんとした宣長が、その究明の手段である古歌に目を遣ったとき、古今の文法を限る差異として、「古文における

係り結びの存在、宣長當時の言語における係り結びの不存在」という事実を見出すことは、何ら不審なことではないだろう。

ともかくも、かかる厖大且つ仔細にわたる古歌の検証を通して獲得された「係り」と「結び」との呼応関係─宣長はこれを「てにをはのとゝのへ」と呼んだ─は、このことを究明した宣長をして、その法則性、規則性の妙に驚嘆せざるを得ないものであったとおぼしい。彼は自身の見出した係り結びについて、

いにしへのよき歌どものは、かならずしからではえあらぬ。おのづからのことわりありて、定まりつる物になん有ければ、かりそめにもそれをはなれて、わたくしのさかしらをば、露ばかりもくはふべきにあらず。たゞいづくまでも〱、ふるき道をたづねて、そのあとになんしたがひよるべきわざなりける。

といい、「わたくしのさかしら」によってそこに手を加えるにいささかの余地もない、不可触の領域へとこれを架上している。また、宣長はこの法則を、「いともあやしき言靈のさだまり」であるともいっている。こうした言及を見るにつけ、係り結びの究明は宣長にとって、自国語の霊妙さ、延いてはその至高性への確信を強く後押しするものであったと推認し得る。

だからこそ、彼は『漢字三音考』に於いても、このことを持ち出したのであろう。先に引いた一節に於ける、「活用助辭に因て、其義の細にくはしく分るゝ事甚妙にして、外國の言語の能及ぶ所に非ず」という主張は、まさしく「活用助辭」、すなわち「てにをは」の「妙」を根拠として、自国語と他国言語との優劣を説くものである。後に続く、「凡そ天地の間に、かくばかり言語の精微なる國はあらじとぞ思はるゝ」という一見夜郎自大にも思え

る発言も、宣長からしてみれば虚勢でも何でもなく、自身による緻密な実証の果てに到達した、確乎たる真理を表白したものだったのである。

而して、一連の言語研究を通して獲得した、「純粋正雅の音」を「全備」した五十音の存在、ならびに「てにをはのとゝのへ」を筆頭とした国語文法の精緻さ(32)という点を根拠として宣長が把捉した真理、換言すれば、「人の聲音言語の正しく美きこと」が「萬國に優て」いるという全き確信は、即座に自国語以外のあらゆる言語を「鳥獸萬物の聲」と同列視し、否定する姿勢へと転換される。

凡そ鳥獸萬物の中に、其聲の皇國の五十音の如く單直にして正しき者は、一つもある事なく、皆さま〴〵とくせありて、外國人の音是によく似たるもの也。これ皇國の音は正しく、外國の音は正しからざる明徴也。

煩雑になるので、ここではその一々を取り載せることはしないが、宣長はかかる発言に到る前提として、「外國音正しからざる事」という一章を設けて、外国語の発声音に於ける「溷雑迂曲の音」、「入聲の急促」、「鼻声音「ん」の存在」、「清濁の間の音」などについて、具体例を挙げながら言及している(33)。そして、その検討の結果、外国語の声音にはすべからく人の正音とするに能わぬ不正の音が混じっており、それらは畢竟「鳥獸萬物の聲に類せる者」であるとして、このことをもって「皇國の音は正しく、外國の音は正しからざる明徴」であると断言するのである。いうまでもないことだが、今日の観点からすれば、これは全くの偏説であり、その主張の妥当性は大いに疑うべきものである。しかしながら、ここまでに追ってきた論脈に於いて、宣長が自国語への讃美や他国言語への毀貶の言をただ無軌道に喚き散らしていたのではなく、あくまでも実証的な姿勢に基づいて—たとえそれが今日からすれば取るに足らない偏説であったとしても—自身の主張を展開しようとしているという点は、宣長をさながら狂信の徒であるかの如くに扱う言説も散見される中にあって、しかと注目されねばならない事実である。

このようにして展開される宣長の外国語批判は、さらに進んで、自国語を貶める言説、とりわけ儒者による国語批判への反駁の様相を呈する。

> 然るを近世儒者などの、返て皇國の聲音言語をしも、侏離鴃舌と云なるこそ、いとも〳〵意得ね。

「侏離鴃舌」の「侏離」とは、もと西方の異民族の音楽を指す語であり、転じて、外国語の意味不通を卑しめる謂となったものである。また、「鴃舌」は「鴃」、すなわち百舌鳥の囀りの如く意味不明なものとして他国語を貶める表現である。『孟子』の「滕文公章句」に「今也南蠻鴃舌之人、非先王之道」と、同様の意味を持つ「南蠻鴃舌」という語が見えることからもわかるように、中国に於いては華夷思想に基づいて、夷狄にあたる他国の言語を、かような表現をもって侮る風潮が存していた。だが、ここで宣長が本質的に問題としているのは、中国を帰属母体とする者が、日本語を「侏離鴃舌」と呼んで嘲弄することではない。宣長は、日本に帰属する国内儒者らが、そうした中国の態度に倣い、自国語を貶める言説を繰り返すことを批判しているのである。

宣長は、この問題について、以下のように説いている。

> 抑漢國人の他國の言語を然云なるは、其解がたくてたゞ鳥のさへづる如くに聞ゆる故也。皇國にても、韓さへづりとも、さひづるや漢とも云て、誠に戎狄の言語は鳥のさへづるが如し。されば是は各たがひに他國の言語

をこそ云べき事なれ。實には何れをそれとも定むべきに非るが如し。

「漢國人」が他国の言語を卑しめて「侏離鴃舌」と称するのは、それが外国語であるがゆえに「解がたくてたゞ鳥のさへづる如くに聞ゆる」という明確な理由があってのことである。而して、それはたしかに首肯すべき事実であり、だからこそ日本に於いても「韓さへづり」や「さひづるや漢」のように、他国語を意味不明のものと捉えての表現が存在している。ゆえに、「侏離鴃舌」のような物言いは、いずれかの言語を特定の対象とするのではなく、発言者自身から見て不通の異国語に対して為されるべきものなのであり、国内儒者が自国語に向けて「侏離鴃舌」という蔑称をあて付けることは、その語用の本質を逸れているというわけである。かかる宣長の指摘は、かたや自国語の類似表現に於いては「韓さへづり」や「さひづるや漢」のように特定の国が措定されていることから、「何れをそれとも定むべきに非る」という自身の言説と齟齬を来してしまっているという点で若干の引っ掛かりを覚えはするものの、自他の弁えを説くという観点からすれば、それほどおかしな主張をしているとは思われない。この点、儒的価値観の中にありながらも同様にして主客の弁別を主張した、浅見絅斎の論と一脈通ずるところがあるようにも見受けられる。

このように自他の弁えを説く宣長の主張は、しかしながら、相対的視座をもって他言語の価値を承認しようとする態度とは結び合わない。「然れども」、と彼は続ける。

然れども諸國の音聲言語勝劣なきに非ず。其中に獨勝れて實に正しきは皇國にして、外國は正しからず。鳥獸萬物の聲に類せる事、上件の如く其證著明ければ、是ぞ實に侏離鴃舌にはありけるを、彼漢國人の云るにならひて、皇國人の皇國の言音をしも然也と云なすは、甚しき狂言也。凡て何事にも、よしなき漢國をひたすら尊尚して、皇國をば漫に貶しめ賤しむるを卓見の如く意得るは、近世狂儒輩のならひ也。抑他國を尊みて本國を卑しむるが孔丘の敎にや。

ここに到って、もはや宣長の確信が覆ることはない。彼にとって、彼我の「勝劣」の別は明確に規定されねばならないものであり、またそこに於いて、「皇國」の言語のみが「獨勝れて實に正しき」ことは、自身の手による一連の語学研究の結果として導き出された、揺るがざる事実だったのである。ゆえに、その事実を閑却し、「よしなき漢國をひたすら尊尚して、皇國をば漫に貶しめ賤しむる」が如き「狂言」を、「漢國人の云るにならひて」口を揃えて繰り返す国内儒者の態度は、宣長の目には看過すべからざるものとして映じたのだろう。尊内卑外を説いた孔子の教えにまで言及して、彼らの態度を糾弾する宣長の言は、さような憤懣を察するにあまりある。また、かように苛烈な非難の調子は、「皇國の言音」こそが真正至上のものであるという宣長の確信が、それだけ深かったことを示唆しているようにも思われる。

『漢字三音考』に於いて看取される宣長の言語観は、前節にて扱った真淵のそれと比較して、自国語に対してより考証的な視座からのアプローチを試みている点が注視される。これは、自身の理想とする萬葉的世界を見出したことをもって内的に完結し、且つはその枠内に留まり続けた真淵に対し、既述の如くに『古事記』解明の方途として古語の精密な検証を必要とした宣長という、学問的志向性の差異に由縁するものであろう。したがって、言語という問題へと向き合う姿勢だけを見れば、宣長は自身の師である真淵よりも、むしろ契沖のそれに近いといえる。だが、一方で真淵からの影響は決して少なくない。今更いうまでもないことだが、真淵に於ける反中国・反儒学という思想上の基本姿勢は、宣長へと過たずに継承されているし、五十音に対する信服の念もまたしかりである。すなわち、宣長の自国語への意識は、思想的には真淵の流れを汲み、問題への接近方法は契沖の姿勢を継承するという、一種の折衷の先にその発展を見たものといえるのではないか。契沖の言語観は、彼の学問に一貫するところの徹底した実証的姿勢によって組み立てられており、そこには他言語に対する積極的な批判や、自国語との間に優劣の判定を持ち込むような態度は見られなかった。逆に真淵の場合は、言語に関する言及に於いても、他の書物と同様に「漢意」批判が展開され、その批判の流れに沿うように、あるいはその批判に於ける一つの根拠として、他言語に対して批判的な言及が為されていた。だが、一方で彼は自身の言語観についてもまた、例の「おのづから」なる概念に従ってこれを語ろうとするあまりに、その自国語への言及は言語神授を基調とした極めて抽象的な文言に終始してしまっている。したがって、その主張を見る限り、実証的な姿勢から導かれるような根拠は甚だ乏しいものといわざるを得ない。ゆえに、彼の他国言語に対する批判の論調もまた、その根拠の乏しさゆえか、徹底したものとはなっていなかった。

　而して、両者に続く宣長は、自国と他国との声音の違いや、自国語の活用といった点に目を向け、これらの詳細について具体例を挙げながら論を進めようとしていた。そして、自身の語学研究の結果を根拠として、ただ一つ自国語のみが優秀であるという見解を闡明したのである。自身の語学研究は数多の古歌を精査した上に成立したものである、という確乎たる自信に裏打ちされた彼の舌鋒は、自国語の優位を確信的に語る勢いをそのままに、一切の他国言語へと、またあるいは自国語を貶める「近世狂儒輩」たちへと、否定的な言辞を差し向けるに到ったのであった。

五　本居宣長の言語観（二）

今一点として、宣長の言語観を語る上でもまた、「言霊」の存在は無視すべからざる重みを持っている。真淵と同様にして、宣長も「言霊」という語を持ち出して直接言及するような箇所はさして多くはないが、既に早くから村岡典嗣が、

> 彼が語學的研究の底に流れた言語（殊に古語）尊重の思想である。卽ち彼が特に言と文字との區別すべきを考へ「抑意と事と言とはみな相稱ひて離れず」。殊に、わが國の上代は、文字がなくして、言語の活用、靈活、微妙なるものがあつたとなし、以て、言語に對して一種の尊重心を抱いた事である。彼がこの說は、けだしわが國古へより傳はつた所謂言語の活用の靈妙を說く、言靈說に基いたことは明瞭である。[34]

と、その重要性を指摘している如くに、かかる観念に基づいてのものと見られる立言は随所に見受けられる。たとえば、『古事記伝』一之巻の冒頭に据えられた「古記典等總論」には、前掲した一節に於いて村岡も引いているように、「抑意と事と言とは、みな相稱へる物にして、上代は意も事も言も上代、後代は意も事も言も後代」[35]という認識が披瀝されている。[36]まさしく豊田国夫が、

> 契沖の「事即言・言即事」に対して真淵では「言事相通」となり、宣長になると「意事言相称」で、ともにそ

の根底に言葉の語音主義がつらぬいている。このへんに、次第に音義的言霊観の発展していった地盤が考察できようか。(37)

と分析しているように、契沖から宣長に到るまで、件の「事言融即」という観念は彼らの言語観の内に貫流していたものと認められる。

だが、この一文を見るだけでは、かかる宣長の発言の真意を十全に汲み取ることはできない。それこそ、ここに挙げられた三者が「相稱へる」ものとして捉えられていたということを追認する程度の成果しか得られないだろう。この発言は一体何を意図してのものであるか、このことを知るためにはそれに引き続いて為されている言及をも含めて考えねばならない。先の一文も併せて、以下に引用する。

抑意と事と言とは、みな相稱へる物にして、上代は意も事も言も上代、後代は意も事も言も後代、漢國は、意も事も言も漢國なるを、書紀は、後代の意をもて、上代の事を記し、漢國の言を以、皇國の意を記されたる故に、あひかなはざること多かるを、此記は、いさゝかもさかしらを加へずて、古より云傳たるまゝに記されたれば、その意も事も言も相稱て、皆上代の實なり、是もはら古の語言を主としたるが故ぞかし、すべて意も事も、言を以て傳るものなれば、書はその記せる言辭ぞ主には有ける、

この一節を見れば、「意」と「事」と「言」とが「相稱」するという先の一文が、『古事記伝』の序としての位置にあたる一之巻に於いて、『古事記』が『日本書紀』よりも優れているとするその所以を説くにあたっての論拠と

して持ち出されていることがわかるだろう。しかも、意と事と言とが相かなうという主張、すなわち豊田のいうところの「意事言相称」とは、いつ何時どこにあっても無軌道にそれらが「相称」するとの謂ではない。宣長自身も注意を促しているように、上代は上代、後代は後代、漢国は漢国というように、「相称」の範囲は限定されるものなのである。しかるに、『日本書紀』は後代の意によって上代の事を推し量ってこれを記述し、またあるいは「漢國の言」、すなわち漢籍によって日本の意を書き記したものであるから、その記述に於いて「あひかなはざること」が多く生じてしまっているのだと宣長は指摘する。つまり、『日本書紀』は「意事言相称」の成立しない組み合わせによって書かれたものだというわけである。これに対して『古事記』は、そこに「いさゝかもさかしらを加へず」に、「古より云傳たるまゝに記された」ものであるとされる。ここでいわれている「さかしら」とは、「後代の意」の内に混じる儒学思想と、漢文体を採る「漢國の言」に於ける過度の潤色との両面を指しているものと思われる。そうした「さかしら」をまじえることなく、「古より云傳たるまゝ」を記したものだからこそ、そこには「意事言相称」が適用され得る。ゆえに、『古事記』に記された内容はすべて「上代の實」であると見做されるのである。

今ここに、宣長によって「相稱へる物」とされた三者は、一見すると並列視されているかのように思われるが、その実横並びではない。「すべて意も事も、言を以て傳るもの」、「書はその記せる言辭ぞ主」という言が象徴するように、「意」と「事」は「言」あってこそ伝わるものであるから、殊に書物に於いては―これはある意味当然のことではあるが―「言辭」、すなわち言葉こそが何にも増して重要な「主」に据えられることになる。このように、「言」こそが肝要であるという見解に沿うならば、『古事記』に比して『日本書紀』が閑却されるのも、なるほど肯ける話である。前掲引用部に於いていわれていたように、宣長は『日本書紀』を「漢國の言を以、皇國の意を記された」ものであると認識していた。自国のことを語るものでありながら、その肝腎要の「言」が「漢國の言」であるということになれば、そこには「意も事も、言を以て傳る」ような事態は望むべくもないだろう。『古事記』を第一に尊重する宣長の姿勢は、実に言語意識という側面からの影響によるところ大であったとせねばなるまい。

また、引用部に於いて今一つ着目すべきは、宣長が『古事記』の価値を「古より云傳たるまゝ」であるという点に見出しているということである。この「云傳」というものが如何なる意義を有するのかということを、宣長は『くず花』という著書に於いて詳しく説いている。

『くず花』は、儒者の市川鶴鳴が宣長の『直毘霊』を駁するべく物した『末賀乃比禮』に対する反批判の書である。その『くず花』の上巻に、「すべて言の傳へといふ物は、云々」というのに続く一節がある。これは、『末賀乃比禮』の中に見える、

凡て言傳と云ものは、人に命の極あり、事に傳の謬あり、多くは消たるがちにして、實ならぬ事のみ遺存ぞ、常の例なる、文字ある國は、文字にて事を記つれば、上つ代をも今の如く知事灼然、是を文字の徳と云めり、(38)

という記述を指してのものであろう。鶴鳴は、「言傳へ」を書き記した『古事記』を偽りなき真実を描写したものとする宣長に対して、「事に傳の謬あり、多くは消たるがちにして、實ならぬ事のみ遺存」するのが世の常であり、はじめから文字を有し、その文字によって記されたものだけが事実と言い得るとして、これを「文字の徳」であると主張する。ここに鶴鳴が「文字ある國」とするのは、中国のことをいっているものと捉えて間違いないだろう。すなわちこれは、「文字の徳」というものを根拠とする中国優位の主張にほかならない。ゆえに鶴鳴は、文字を持

たぬ自国の古事について、これを「凡て文字なき間は、其事はた言傳のみにして、消ぬる例の中なれば、上つ代の古事は、後の天皇の御慮に令成つる祕事なりけり」と、後世の天皇の「御慮」に従って拵えられた作り事に過ぎぬと断ずるのである。

かように一方的に「言傳」を断罪する鶴鳴に対して、宣長は鶴鳴のいう「文字の德」について一定の理解を示しつつこれに反論する。まず宣長は、「遠き所へ大切の用事をいひやるに、口狀にては違ある故に、書狀にていひやる」ような場合を想定し、「是は文字の德也」と述べる。しかし、また一方ではそうした書狀の文面だけではわかりづらいこともあるから、「品によりては使をさして、委き事は口狀にいひやりて、よく分る、事もあ(39)る」といい、これは「言傳の德」であると説明する。つまり、口頭による「言傳へ」と文字による書き伝えは、それぞれ一長一短があると宣長はいうのである。しかるに、『末賀乃比禮』に於ける鶴鳴の主張は、「言傳の方には失をのみ擧て、得をいはず、文字傳への方には、得をのみ擧て、失をいはぬ」が如き偏説であるとし、また「言傳へ」では「實ならぬ事」しか残らないという意見についても、「文字にても、虚を書傳ふれば實はのこらず、言にても實をいひつたへば、などか實の遺ざらん」と反論している。

宣長は、文字の有用性、ここでいう「文字の德」を認め、これを一も二もなく排斥しようとはしなかった。それどころか、漢字、片仮名、平仮名の内どれか一つでも欠けてしまえば不便であるとさえいっている。この点も含め、文字の存在を頭から否定してかかろうとしていた真淵の態度に比べて、宣長のそれはかなり現実主義的な傾向を示している。このことは、

言に傳への誤りありといへるは、誠にさることにて、文字は不朽の物なれば、一たび記し置つる事は、いく千

年を經ても、そのまゝに遺るは文字の徳也、

と、鶴鳴の批判を一面に於いて肯定し、且つは「文字の徳」を承認する右の如き一文に象徴的に表れているといえよう。しかしながら、一方で、

先大御國にもと文字はなかりしかば、上代の古事どもも何も、直に人の口に言傳へ、耳に聴傳はり來ぬるを、やゝ後に、外國より書籍と云物渡參来て、其を此間の言もて讀ならひ、その義理をもわきまへさとりてぞ、其文字を用ひ、その書籍の語を借て、此間の事をも書記すことにはなりぬる、されどその書籍てふ物は、みな異國の語にして、此間の語とは用格もなにも、甚く異なれば、その語を借て、此間の事を記すに、全く此間の語のまゝには、書取がたかりし故に、萬事、かの漢文の格のまゝになむ書ならひ來にける、

というように、やはり宣長の中では、「直に人の口に言傳へ」られてきた内容こそが、真に「上代の古事」と見做されるべきものであった。それはひとえに、文字なき世としてあった上代の事蹟を正しく伝承し得るのは、同じくそこに於いて用いられていた上代の古言を措いてほかはないという「意事言相称」の観念によるものであったろう。宣長が「上代は意も事も言も上代、後代は意も事も言も後代、漢國は、意も事も言も漢國」といったように、「意事言」は時代や場所、あるいはその周囲を取り巻く状況ごとにそれぞれ異なる、最適なありかたによってのみ「相稱」せられる。而してこのことは、それ以外の状況下に於ける常識でもってその真価を測り得るものではない。文字が存在する状況での「言傳へ」と、そうではない状況での「言傳へ」とでは、そもそもその持つ意味が異な

る。すなわち、文字を有さなかった自国の古代にあっては、「直に人の口に言傳へ、耳に聽傳はり來ぬる」ようなありかたこそが、もっともその時代に沿ったものだったのである。ゆえに、宣長は「文字なき世は、文字無き世の心なる故に、言傳へとても、文字ある世の言傳へとは大に異にして、うきたることさらになし」という。そして、その「文字なき世」の「言傳へ」が事実をそのままに遺し伝えることができたとするその根拠を、「殊に皇國は、言靈の助くる國、言靈の幸はふ國と古語にもいひて、実に言語の妙なること、萬國にすぐれたるをや」と、「言霊」の宿る自国語の「妙」へと帰したのであった。

結

以上、雑駁なかたちではあるが、契沖から真淵、そして宣長に到るまでの言語観の変遷を追った。本章の考察によって、国学の先駆者である契沖の言説にあってはほとんど見受けられなかった他言語への批判や、自国語の特殊性を言い募る態度、あるいはその特殊性をもって自国語の優越を説き、延いてはそれを自国の優位性へと結び付けようとする志向性といったものが、国学思想の成熟に伴って漸次その傾向を強めていった様子を確認することができたように思う。すなわち、自国語意識の高まりは、自国意識の高まりに呼応し、これに寄り添うかたちで展開されてゆくのである。

また、この三者だけに限ってみても、自国語の特質を何処に認めるかという点にはそれぞれ違いがあった。契沖はさような認識が他の二者に比べて希薄であり、したがって、そこに独自性と呼べるほどのものを見出していたとは必ずしも言い切れないが、強いて挙げるならば、彼が陀羅尼と同様に効験を持つと考えた「倭歌」の章句ということになるだろうか。これに対して、真淵は五十音を、宣長の場合は助辞の存在を根拠に、自国語の優位を語ろうとしていた。だが、そうした三者三様の言語観の中にあって、唯一共通していたのは「言霊」の概念であった。伊藤益がつとに指摘するように、萬葉の時代にあって、柿本人麻呂に始まり山上憶良へと引き継がれた、「言霊」の存在に裏打ちされた対外的な自国語意識は、さらに『古今和歌集』仮名序へと進んで、「倭歌意識へと収斂した国語意識」となる。[40]これはすなわち、「日本語全般の特性・特徴を、国家意識との連関のもとで誇示してゆこうとする」ものであった人麻呂や憶良に於ける国語意識から、「漢詩文に対する倭歌文芸の独自性・自律（立）性を、歌論的ないしは文芸論的な視座に立って誇示してゆこう」とする立場への転換であった。ここに到って、自国語の対外的独自性を誇示する志向性の低下とともに、その下支えを担った「言霊」もまた、次第にその存在を閑却されていったのである。しかしながら、それはその存在の消滅を意味するものではなかった。伊藤はまた、次のようにいう。

このことは、古代末のころ、日本人の国語意識が、日本語そのものの対外的独自性を強調しようとする志向性を、次第に弱めはじめたことを物語っているかのように見える。しかしながら、その志向性は、倭歌という一文芸形式の本質・本源を自覚的に検証してゆこうという態度のうちにとりこまれ、そのなかに完全に溶解してしまった（史上からその姿を消し去ってしまった）わけではない。それは、史的水流の奥底に定位しつづけ、江戸期の国学者たちの発言を通じて、ふたたびその本流の表面に浮上する。[41]

そして、伊藤は本章第五節の末尾に引用した宣長の言霊への言及を例示し、

> 宣長のこの発言のなかで、日本語の対外的優越性についての確信を裏づけているものは、日本語は言霊を内在させることのできる唯一の言語であるという認識である。
>
> —中略—
>
> 歴史的に見て、日本人は、国語意識の発揚を企図する際、概して、みずからの足場を、言霊の力による言の事化という観念のうちに置く傾向にあったと考えられる。したがって、日本における国語意識の歴史はその観念の歴史でもあったと言うことができるように思われる。

と結論する。この伊藤による一連の指摘は、まさしく正鵠を射た卓見であるといわねばならぬ。『古今和歌集』を境として「倭歌意識へと収斂した」形式を久しく維持していた国語意識は、江戸期に於ける儒学の興隆という事態に際して、旧来の国語意識、すなわち「日本語全般の特性・特徴を、国家意識との連関のもとで誇示してゆこうとする」態度へと立ち返ることを要請されたのである。而して、その要請を行ったのが、さような国語意識成立の舞台となった『萬葉集』の研究に重きを置いた「江戸期の国学者たちの発言」であったというのは、蓋し当然の成り行きであったといえるだろう。

そして、このことは同時に、彼ら「江戸期の国学者たち」が、「言霊の宿る言語である点に日本語の特性をみとめる」人麻呂以来の「伝統的思考」に直面したであろうことを意味する。謂わば彼らは『萬葉集』研究の内に、長らく「史的水流の奥底」に身を潜めていた、かかる「伝統的思考」の根拠としての「言霊」の存在を再発見し、それを「本流の表面」へと引き上げたのであった。その再発見の当初、すなわち契沖の言説にあっては、「言に霊験有り」程度の認識でしかなかったそれは、国学思想確立の過程—これは自国意識昂揚の過程でもあった—に於いて彫琢され、宣長に到って遂に自国語の至高性を、延いては自国の至高性を説くその背景にまで高められた。自国語の優位を宣揚する宣長が、その根拠とした助辞の法則を「いともあやしき言靈のさだまり」であるとし、またあるいはその古道論の本源である『古事記』の記述の正当性を、「言霊」の宿る自国語の「妙なること」に帰したことは、自国語意識に於ける「言霊」の復権をたしかに示している。まさしく伊藤益のいうように、「日本における国語意識の歴史はその観念の歴史」だったのであり、自国意識と自国語意識との間には、「言霊」の存在を軸とした、不断の関係が認められるものと思われるのである。

（1）契沖『和字正濫鈔巻一并序』（『契沖全集　第十巻』所収、岩波書店、一九七三）、一〇九頁。
（2）漢文の書き下しに際しては、解釈に齟齬を来さない範囲に於いて、一部旧字を新字に、旧仮名遣いは新仮名遣いに改めると共に、強調すべき語には適宜鉤括弧を施した。他の箇所についてもこれと同様とし、以降は逐次断ることをしない。
（3）『萬葉代匠記』初稿本の「惣釈」にもこれとほぼ同一の主張が展開されている（『契沖全集　第一巻』岩波書店、一九七三、一九四頁）。
（4）契沖前掲書、一一〇頁。
（5）ここで契沖が「言」の持つ霊験の例として引いている逸話は、『日本書紀』にのみその出典を見る。すなわち巻第三「神武紀」即位前紀戊午年九月の段に、磯城八十梟帥、赤銅八十梟帥ら抵抗勢力を斥けるべく「祈」をした神武帝が、天つ神から得た夢告を承けて「顯齋」を行った際に、「用汝爲齋主、授以嚴媛之號、而名其所置埴瓮爲嚴瓮、又火名爲嚴香來雷、水名爲嚴罔象女、粮名爲嚴稻魂女、薪名爲嚴山雷、草名爲嚴野椎」（『増補六國史　日本書紀』名著普及会、一九八二、八九頁）と、枢要な事物を次々に改名していく様子が描かれている箇所がそれである。この行為の意味について、丸山眞男は「宗教的性格の濃厚な「いつ」「いつへ」が、結局はヤソタケルを軍事的に撃破する霊力の意味を帯びている」（『忠誠と反逆』筑摩書房、一九九八、三八九頁）と分析しているが、より具体的には、かかる「名付け」あるいは「改名」の儀式によってこれらを支配し、もってその霊力を自らのものとするという意図があったものと推認される。
（6）『萬葉集』巻第五所収、山上憶良の手による一連の歌群「好去好来歌一首反歌二首」（八九四〜八九六）の冒頭に据えられた長歌、

「神代欲理　云傳久良久　虚見通　倭國者　皇神能　伊都久志吉國　言霊能　左吉播布國等　加多利継…」からの引用。

(7)『萬葉集』巻第十三所収、「柿本朝臣人麻呂歌集歌曰」と題された長反歌二首（三二五三、三二五四）の内、反歌である「志貴嶋　倭國者　事霊之　所佐國叙　真福在与具」からの引用。

(8) 契沖前掲書、一一四頁に、「沙石集に、和歌は日本の陀羅尼といへるは、陀羅尼を此には摠持と飜す。無量の功徳を摠攝し、任持する故なり、其中に一字に多義を含む意をもて、短き和歌の、深き意を含むをかくはいへり」とある。

(9) 同、一一二頁。

(10) 同、一一二頁。

(11)『和字正濫鈔』を含め、契沖の物した諸言語論にあっては、基本的に和語と悉曇、漢語がその言及の対象となっている。かように限定的な言語のみに基づいて論が展開されている以上、これをもって契沖の言語認識について「言語一般」と括ることは、厳密ではないかもしれない。たとえば、欧米の言語に関しても同様の扱いをするのかどうかという点を問うた場合、それに確実な答えを与える術は残念ながらないといわざるを得ない。しかしながら、契沖の思想的背景、換言すれば彼の有する知識の範囲というものを前提して論を進めることが許されるのであれば、且つまた、そのようにして考察せざるを得ない以上は、契沖の学識の及ぶ範囲内でのという暗黙の附言つきではあるが、かような表現を用いるにそこまでの瑕疵はないものと考える。

(12) 契沖は、五十音が悉曇に由来するものとする見解を呈示しているが、こうした解釈に対して真淵は、「此五十音の事、他の國の悉曇・韻經などいふをもて、皇朝の言の音をもいふ人有は、みな我國をしらぬ故也、」（『邇飛麻那微』（『賀茂真淵全集　第十九巻』所収、続群書類従完成会、一九八〇）、二〇六頁）と反撥を顕わにしている。

(13) 井上豊「語意考 解説」（『賀茂真淵全集　第十九巻』所収、続群書類従完成会、一九八〇）、一六八頁。

(14) 賀茂真淵『語意』（『賀茂真淵全集　第十九巻』所収、続群書類従完成会、一九八〇）、一二四頁。

(15) このことは、たとえば本文に述べた「和歌陀羅尼論」の肯定や、あるいは五十音に言及しての「右の圖、梵文に准らへて作れり」という評からも窺うことができる。

(16) 賀茂真淵前掲『語意』、一二四頁。

(17) 茂木誠「国学と儒教の論争」（今井淳・小澤富夫編『日本思想論争史』所収、ぺりかん社、一九七九）、二一九頁。

(18) このことは、たとえば「此國には、から字はかりの物なれは、心をも用ゐずして、等しく傳へてかへさるなり、」（『語意』一二六頁）という記述や、「唐の字は用たるやうなれど、古へはたゞ字の音をのみかりて、こゝの詞の目じるしのみなり、」（賀茂真淵『国意』（『賀茂真淵全集　第十九巻』所収、続群書類従完成会、一九八〇）、一三頁）といった言及からも明らかである。

(19) 賀茂真淵前掲『語意』、一二四頁。

(20) 真淵はこの、「天地の神祖の教へ」である「他國にはあらぬ言のためし」について、具体的に言及している。曰く、「一つはことはしむるこゑ、二つはことうごかぬこゑ、三つはこと動くこゑ、四つはことおふするこゑ、五つはことたすくるこゑ」（同、一二五頁）であるという。

(21) 川村湊は、『言霊と他界』（講談社、二〇〇二）一五頁、一六頁で、五十音の持つ意義について、「〝いつらのこゑ（五十音）〟の秩序が、真淵にとっては「日本」そのものの原理であり、それは神国としての「日いづる国」を支える宇宙的な秩序の象徴にほかならなかった」と分析している。

(22) 賀茂真淵前掲『語意』、一二七～一二八頁。

(23) 同、一二八頁。

(24) 同、一二四頁。

(25) 賀茂真淵『万葉考　九』（『賀茂真淵全集　第三巻』所収、続群書類従完成会、一九七九）、二七八頁。括弧内は真淵による註。原典の表記は割註の形式を採っているが、本書に於いて同様の形式を用いて表記すると極端に文字が縮小され、判読に支障を来すと判断したため、当該部のような表記に変更した。以降二首（二五〇六、三二五四）についても同様である。

(26) 村岡典嗣『本居宣長』岩波書店、一九二八、三〇一頁。

(27) これについては、同、二八五～三〇〇頁を参照のこと。

(28) 以下、本居宣長『漢字三音考』についての引用はすべて、『本居宣長全集　第五巻』（筑摩書房、一九七〇）、三八一～四三二頁に拠った。なお、片仮名はすべて平仮名に改めた。

(29) 『日本書紀』には、「因勅皇孫曰、葦原千五百秋之瑞穂國、是吾子孫可王之地也、宜爾皇孫就而治焉、行矣、寶祚之隆當與天壤無窮者矣」（『増補六國史　日本書紀』名著普及会、一九八二、五二頁）と、天照大神がその孫である天津彦彦火瓊瓊杵尊に対して、「寶祚」、すなわち皇統が、天地のある限り栄え続けると予祝する一文がある。ここに見える「天壤無窮」の語にちなんで、これは俗に「天壤無窮の神勅」と呼称される。

(30) 大野晋「解題」（『本居宣長全集　第五巻』所収、筑摩書房、一九七〇）、八頁。

(31) 本居宣長『詞の玉緒』（『本居宣長全集　第五巻』所収、筑摩書房、一九七〇）、一七頁。

(32) 無論、宣長自身が「彼此相連ねて活用する故に、幾千萬の言語を成すといへども、足ざる事なく盡る事なし。そのうへ一言のうへにも亦活用ありて」と述べているように、彼は「てにをは」だけではなく、動詞の活用にも目を向けており、『活用言の冊子』という、今日でいうところの「活用表」のようなものの試案を残している。だが、当時にあっては動詞の活用という概念そのものが確立していない状態だったため、大野晋が「未だ四十歳に達したばかりの頃の宣長は、そこまで手が届かなかった」（大野晋前掲書、一四頁）と分析するように、宣長の手によって完成されることはなく、その基礎の確立は、宣長の実子本居春庭による『詞の八衢』（文化五年刊行）を待たねばならなかった。

（33）これについては、本居宣長前掲『漢字三音考』三八三〜三八四頁を参照のこと。

（34）村岡典嗣前掲書、三〇〇頁。

（35）本居宣長『古事記伝』（『本居宣長全集　第九巻』所収、筑摩書房、一九六八）、六頁。

（36）これは『宇比山踏』に於いても、「言と事と心と、そのさま大抵相かなひて、似たる物にて」（本居宣長『宇比山踏』（『本居宣長全集　第一巻』所収、筑摩書房、一九六八）、一七頁）、「おの〳〵そのいへる言となせる事と、思へる心と、相かなひて似たる物なるを」（同、一八頁）と、同様の見解が披露されている。

（37）豊田国夫『言霊信仰』八幡書店、一九八五、三九頁。

（38）以下、市川鶴鳴『末賀乃比禮』についての引用はすべて、『本居宣長全集　第八巻』（筑摩書房、一九七二）、一八三〜二〇〇頁に拠った。なお、片仮名はすべて平仮名に改めた。

（39）以下、本居宣長『くず花』についての引用はすべて、『本居宣長全集　第八巻』（筑摩書房、一九七二）、一二三〜一七九頁に拠った。

（40）伊藤益は、「国語意識の成立」（『倫理学』第五号、筑波大学倫理学研究会、一九八七、三二頁）に於いて、『古今和歌集』仮名序の中で主張されている「やまとうた」の功用の説明に触れ、「この主張は、「力をも入れずして天地を動か」す「言霊」の力への信頼に基づいて、漢詩文に対する倭歌文芸の本源的独自性を確示しようという意識、すなわち、いわば「倭歌意識へと収斂した国語意識」を反映している」ものであると指摘している。

（41）伊藤益『ことばと時間 ―古代日本人の思想―』大和書房、一九九〇、五三頁。

第六章　手段としての論争

序

真淵国学の継承と超克を通して大成されるに到った宣長の国学思想は、他者を激しく攻撃しながら自国の絶対的優位を主張するその学問的態度から、その思想に触れる者に対して、「宣長という人の学問や学説はそもそも論争的な性格をもったものではないのか[1]」という印象を与えがちである。だが一方で、宣長は優れた文献学者でもあった。終始冷静な実証主義的姿勢に貫かれた代表著作『古事記伝』には、そうした彼の側面が強く現れている。宣長の有するかような両側面は、両者のギャップの激しさゆえに、そしてまたそれらが宣長思想に於いて並立し、混在している——それはたとえば前者の性質を持つ『直毘霊』が、後者の性格を有する『古事記伝』の一部として存在しているように——ゆえに、しばしば奇妙な二面性として問題視されてきたのである。

本章では、まず『直毘霊』を手掛かりとして、宣長国学にとって「論争」とは一体如何なる意味を持つものであったかということを、その思想のありかたとの関係から探ってみたい。このことは同時に、宣長の二面性という問題についての示唆を得る方途ともなるだろう。而して、その考察の結果を踏まえた上で、実際に宣長の行った「論争」を通して浮かび上がる、宣長国学の問題点についても言及する。

一　否定的手法による自国像の定立 ――論争的性格の由縁――

『直毘霊』は、『古事記伝』の序論にあたる「一之巻」の末尾に据えられた著作である。この『直毘霊』では、「此篇は、道てふことの論ひなり」という副題の示す如くに、「道」とは如何なるものであるかという論を通して、宣長思想の要諦が語られることになる。そこでは、名指しこそされてはいないものの、儒学にいうところの「道」や「聖人」といった概念についての批判が再三にわたって述べられていることから、宣長が『直毘霊』に於いて国内の儒学思想、わけても徂徠学をその批判対象として措定していることは明白である。宣長が自身の思想の核心を論じる『直毘霊』は、すなわち同時にまた、一種の「論争書」としての性格を有していたといってよいだろう。

たとえば、儒学における「道」と「聖人」との関係について、宣長は『直毘霊』の中で次のような見解を披露している。

其が中に、威力ありて智り深くて、人をなつけ、人の國を奪ひ取て、又人にうば、るまじき事量をよくして、しばし國をよく治めて、後の法ともなしたる人を、もろこしには聖人とぞ云なる、

――中略――

然るをこの聖人といふものは、神のごとよにすぐれて、おのづからに奇しき徳あるものと思ふは、ひがごとな

り、さて其聖人どもの作りかまへて、定めおきつることをなも、道とはいふなる、かゝれば、からくににして道といふ物も、其旨をきはむれば、たゞ人の國をうばはむがためと、人に奪はるまじきかまへとの、二ツにはすぎずなもある、(2)

ここで、徂徠が「道」の製作者として絶対的価値を置いた「聖人」は、宣長によって、「人をなつけ、人の國を奪い取」る、権力簒奪者の位置にまで引き摺り下ろされてしまう。(3)そして、儒学に於ける「道」というものは、己の権力欲のままに国を奪い、またその奪い取った国を他人に奪われまいとする簒奪者が「作りかまへ」たものであるとされる。したがって、宣長にいわせれば、「からくににして道といふ物」はおよそ、「君を滅し國を奪ひし聖人の、己が罪をのがれむために、かまへ出たる託言」に過ぎないという結論が導かれるのである。このように、宣長の言説上に於いては、儒者の敬仰する「聖人」は、単なる権力の簒奪者として、また、儒学思想の中核を為す「道」の概念は、「聖人」の自己保身のための詭弁的な理論武装の所産として剔抉される。丸山眞男が、宣長による儒学批判の様式を「イデオロギー暴露」と評したのは、(4)この点を実に鋭く捉えたものであったといえる。而して、このように、「聖人の道」を「支配者あるいは簒奪者の現実隠蔽あるいは美化に奉仕するイデオロギーとして暴露(5)」しようとする宣長の批判は、畢竟以下に挙げる一点へと回収されるものと思われる。

物のことわりあるべきすべ、萬の教へごとをしも、何の道くれの道といふことは異國のさだなり、

おそらく、『直毘霊』に於いて宣長が企図したのは、一連の「道」、「聖人」批判を通して、この「異國のさだ」、

さらにいえば「異國」という概念を取り上げることであり、そしてこのことこそが、宣長の国学思想を可能ならしめる条件であったと考えられるのである。

『直毘霊』の中で、宣長はこの「異國」のありさまを次のようにいう。

然るに聖人のいへる言をば、何ごともたゞ理の至極と、信たふとみをるこそいと愚かなれ、かくてその聖人どものしわざにならひて、後々の人どもも、よろづのことを、己がさとりもておしはかりごとするぞ、彼國のくせなる、

――中略――

すべて彼國は、事毎にあまりこまかに心を着て、かにかくに論ひさだむる故に、なべて人の心さかしだち悪くなりて、中々に事をしゝこらかしつゝ、いよゝ國は治まりがたくのみなりゆくめり、

かような言辞でもって語られている、この「異國のさだ」が、宣長の儒学批判に於いて頻繁に持ち出される「漢意」に同定されるものであることは論を俟たない。かくして、徂徠学に於ける「聖人」を突破口に、儒学一般の「道」に対する批判を敢行した宣長は、さらにそれらを階梯として、否定されるべき異質な他者としての「異國」という概念を構成してゆくのである。では、苛烈な面罵を伴って展開されるこの「異國」観の素描を通して、彼は日本という「自国」をどのようなかたちで語るのだろうか。このことをよく示すのは、以下の件である。

異國は、本より主の定まれるがなければ、たゞ人もたちまち王になり、王もたちまちたゞ人にもなり、亡びう

せもする、古へよりの風俗なり、さて國を取むと謀りて、えとらざる者をば、賊といひて賤しめにくみ、取得たる者をば、聖人といひて尊み仰ぐめり、さればいはゆる聖人も、たゞ賊の爲しとげたる者にぞ有ける、掛まくも可畏きや吾天皇尊はしも、然るいやしき國々の王どもと、等なみには坐まさず、此御國を生成たまへりし神祖命の、御みづから授賜へる皇統にまし〳〵て、天地の始より、大御食國と定まりたる天下にして、大御神の大命にも、天皇悪く坐まさば、莫まつろひそとは詔たまはずあれば、善く坐むも悪く坐むも、側よりうかゞひはかり奉ることあたはず、天地のあるきはみ、月日の照す限は、いく萬代を經ても、動き坐ぬ大君に坐り、故古語にも、當代の天皇をしも神と申して、實に神にし坐せば、善悪き御うへの論ひをすてて、ひたぶるに畏み敬ひ奉仕ぞ、まことの道には有ける、

何よりもまず注目されねばならないのは、引用部後半から明らかにされる自国像についての言説に先立つかたちで、これまでに見てきたような「異國のさだ」への批判が、ここでもまた、「異國は」という書き出しをもって殊更に重畳されていることである。このことは、自身の国学思想に於ける自国像を、「異國」との対立構造によって描き出そうとする宣長の目論見を如実に物語っている。また、加えて重要なのは、宣長によって描出される自国のありさまの、そのことごとくが、「異國のさだ」と正反対の性質のものとしていわれているという点であろう。それはたとえば、「いやしき國々の王どもと、等なみ」ではないとされる天皇や、その天皇の徳についての「論ひをすてて、ひたぶるに畏み敬ひ奉仕」ことこそが「まことの道」であるといったような、自国像への言及の端々に明確に立ち顕れている。[6] この宣長の論法に沿うならば、彼が日本を万国に比して優れた国であると説くその所以は、ひとえに日本が「異國」のようではないという点に存在していることになる。つまり、宣長は自国について、「異国

はAであり、自国はBである」という形式ではなく、「異国はAであり、自国はAではない」という形式でもってこれを構築しようとしているのである。それゆえ彼は、「皇國」である日本が、「道ともしきゆゑに、かへりて道々しきことをのみ云あへる」ような「異國のさだ」とは正反対であったからこそ、「さる言痛き教も何もなかりしかど、下が下までみだるゝことなく、天下は穏に治」まってきたのだという。このように、否定的他者として措定された「異國」中国と、その国ぶりを支配する「異國のさだ」、すなわち「漢意」とを、謂わば反射板として用いたその先に、初めて国学的言説としての「皇國」や、あるいは「やまと心」というものが語られ得るのである。

宣長国学に於ける「皇國」像が、このような構造によって成立するものであったとすれば、彼の国学的言説は常に、否定すべき他者としての「異國」と切り結ぶかたちによって表現されざるを得ず、そしてまた、そこに生じる相関が否定的なものであるがゆえに、自身の言説を維持するにあたっては、「異國」に対する批判の言辞を連ね続けねばならないことになる。このように見るならば、宣長にとって、否定的他者に与する思想、ないしはそれを奉ずる者を相手取ってこれと論争することは、国学思想を存立させ、堅持していくために不可欠な「手段」として存在していたわけであり、したがって、宣長国学の有する論争的性格というものは、その定立のありかたそのものにきざす必然であったといえるだろう。

二　手法の弊害と「二面性」の問題

だが、国学がかような手法によって自己を定義づけることは、自らの思想に対して一つの制約を課さねばならぬことを意味している。先学の多くが指摘するように、宣長は、盲目的に規範を信仰するあまりに、その教えの現実的な妥当性を吟味しようとしない国内儒者の態度—そしてこのことは奇しくも、儒者である徂徠によって明晰化されてしまった—を衝き、これに攻撃を加えた。また、一方でそのようではないものという規定によって、「異國」の反照というかたちで「皇國」という自国像を彫塑したことは、先に述べた通りである。しかしながら、その儒学批判の過程で、たとえば規範的思考としての「道」を「言痛き教」といい、あるいは論理的思弁を「己がさとりもておしはかりごとする」ような臆見に過ぎぬものとして、これらをすべて「漢意」として括り出し、その一切を拒絶したことによって、その反照たることを成立起源に持つ国学的言説に於いては、勢いあらゆる論理化を拒否せざるを得なくなってしまった。(7) 極言してしまえば、宣長は「漢意否定」という様式を確立した代償として、自身の言説の内に「理の否定」という事態を招来してしまったのである。ゆえにそこでは、まさしく相良亨が、

普遍的な理法をもたぬ宣長がよるべきものとしたのは神＝上のさだめ以外にはなかった。

—中略—

これらの〝さだめ〟は、一部に失われたものがあったが、なお開闢以来、今日まで日本を大過なく治まらせてきた、現に生きて働き伝わってきた〝さだめ〟である。普遍的な理法の存在を否定する宣長としては、現に存在してきた、その意味で現に有効であったそのような〝さだめ〟という事実に生き方のよりどころを求める以外にはありえなかった。

と分析している如くに、(8) 理による「おしはかりごと」を排し、今に到るまで自国を「皇國」たらしめてきた神代からの「さだめ」にひたすら随順するのがよいという、ありのままの現実肯定が専らにされることになる。而して、

「漢意」を否定した国学にあっては、その現実肯定の拠り所となる「さだめ」の権威を「理」によって担保することが許されない以上、「さだめ」の始発へと遡及するかたちで、その権威付けを神話に求める必要があったのである。かくして、宣長の言説上に於いて、

皇大御國は、掛まくも可畏き神御祖天照大御神の、御生坐る大御國にして、萬國に勝れたる所由は、先こゝにいちじるし、國といふ國に、此大御神の大御徳かゞふらぬ國なし、

という日神神話を根拠にした言辞でもって、「萬國に勝れたる」「皇大御國」としての自国が高らかに宣揚されることになる。

このように、宣長が「万邦に優たる自国像」を導くまでの思想展開を辿れば、この『直毘霊』という論争的性質を持った著述が、一貫して冷静な文献註釈書としての性格を保ち続ける『古事記伝』一之巻の、その掉尾に配されたわけも明らかなように思われる。本章序でも触れたが、宣長思想を巡っては、たとえば加藤周一の提起した「宣長問題」(9)のように、『古事記伝』に於いて見られるような緻密かつ実証主義的な姿勢と、『直毘霊』を筆頭とする諸々の論争書で口を極めて相手を攻撃する、排外的な自国優位論者というありかたとが、宣長の相矛盾する二面性としてしばしば問題にされてきた。しかしながら、これは宣長思想の内実に少しく鑑みれば、何ら矛盾するものではなく、そもそも二面性ですらない。なぜならば、先に述べたように、宣長思想がその根拠を神話—就中『古事記』のそれ—に求めるものである以上は、その根拠たる『古事記』についての考証は出来得る限り厳正に、緻密に為されねばならないからである。そして、その考証が厳正かつ緻密であればあるだけ、それに根拠付けられる思想

もまた、それだけ強く正当性を主張し得ることになるだろう。その意味で、両者は不可分の関係にあったといわねばなるまい。『古事記伝』中に於いて一見異質であるかに見える『直毘霊』は、実際にはそれらが分かち難い相即性のもとにあるがゆえに、まさしく「『古事記伝』の作業の開始を告げるマニフェスト」[10]として、『古事記伝』の中に存在すべくして存在していたのであり、このことは翻って、『古事記伝』の成立もまた、自己の存在を維持する手段として絶えず論争し続けねばならないという性質を有する、宣長国学の内面的要請による必然の産物であったという可能性を示唆するものでもあるだろう。

三　『呵刈葭』に見る宣長国学の問題点

ここまでに見てきたように、宣長の国学思想は、「異國」との対照関係のもとに「皇國」という自国像を立ち上げ、その優位性の根拠を『古事記』という神話に求めることで自己を定立せしめたのであるが、そこにはやはり、その成立に由縁するいくつかの問題点が存していた。また、そのありかたが徹頭徹尾対立思想への批判・否定を伴うものである以上、宣長自身もまた、常に対立思想からの反論に晒され続けなくてはならなかった。無論、そうした反論が儒者ないしは中国中心史観からのものである限りに於いて、「漢意」批判を用いた宣長の反撃は猛威を振るった。その結果が『くず花』[11]であり、あるいは『鉗狂人』[12]である。これらに代表されるような宣長の批判様式が、いかに強靭且つ堅牢なものであったかは先学に尽くされており、今更いうまでもないことである。だが、そうした宣長の論争経歴の中にあって、どうしても無視できないものとして、『呵刈葭』という論争書がある。そのゆえは、ここで為されている論争が、その他の論争書とは違い、宣長思想の抱える諸問題点を明確に浮かび上がらせることに成功しているという点にある。

『呵刈葭』は、上田秋成と宣長との間で為された論争を纏めたものであり、古代国語の音韻に関する議論と、宣長の『鉗狂人』を巡る論争とを、それぞれ上下篇として収めている。この内上篇については、古代日本に於ける特定の音韻の有無についての遣り取りが交わされているのみであり、本章に於ける議論にかかわる思想の核心に迫るような論争は行われていないため、ここでは下篇での論争を手掛かりとして、宣長思想の問題点を見ていきたい。

秋成はまず、『古事記』という神話を根拠として自国の優位を主張する宣長の言説に対して、

此圖中にいでや吾皇國は何所のほどと見あらはすれは、たゝ心ひろき池の面にさゝやかなる一葉を散しかけたる如き小嶋なりけり、然るを異國の人に對して、此小嶋こそ萬邦に先立て開闢たれ、大世界を臨照まします日月は、こゝに現しまししし本國也、因て萬邦悉く吾國の恩光を被らぬはなし、故に貢を奉て朝し来れと敎ふ共、一國も其言に服せぬのみならす、何を以て爾いふそと不審せん時、こゝの太古の傳說を以て示さむに、其如き傳說は吾國にも有て、あの日月は吾國の太古に現はれましししにこそあれと云爭んを、誰か截斷して事は果すへき、

と疑義を呈した上で、「書典はいつれも一國一天地にて、他國に及ほす共諺にいふ縁者の證據にて、互に取あふまじきこと也」と述べている。ここで為されている秋成の批判の眼目は、まさしく「縁者の証拠」という秋成の言葉によって端的に表現されるような、客観性を欠いたままにその優位を絶対視する、宣長の自国観へと差し向けられている。ゆえに、秋成は世界地図を例に持ち出しながら、日本を「さゝやかなる一葉を散しかけたる如き小嶋」と

評することで、これを相対化する視点を提示してみせたのである。
ところが、この秋成の批判に対して、宣長は国土の大小を述べたテクストのみを抽出し、これを次のように読み替えてしまう。

さて萬國の圖を見たることを、めつらしげにこと〱しくいへるもをかし、かの圖、今時誰か見ざる者あらん、又皇國のいとしも廣大ならぬことをも、たれかしらざらん、凡て物の尊卑美悪は、形の大小にのみよる物にあらす、數尋の大石も方寸の珠玉にしかず、牛馬形大なれ共、人にしかず、いかほと廣大なる國にても、下國は下國也、狭小にても上國は上國也、かの萬國圖といふ物を見るに、南極の下方にあたりて荒茫の國あり、草木も生ず人物もなし、其廣大なること、大よそ地球の三分の一に居るほと也、定めて上田氏は、これを四海中の最上の国と思へるなるへし、(13)

すなわち宣長は、「凡て物の尊卑美悪は、形の大小にのみよる」ものではなく、したがって、国はその国土の広大狭小の別にかかわらず「下國は下國」であり、「上國は上國」であるのに、秋成は国土の狭いことを理由にして自国を貶め、単純に広い国土を有する国を、「四海中の最上の國」であるかのように考えているというのである。しかしながら、この宣長の反論は曲解の誹りを免れまい。なぜならば、先にも述べたように、秋成は宣長の思想上に展開される、「皇國」を巡る言説に於いて、そこに客観性が欠如していることを問題視しているのであり、国土の大小については、ここでは議論の本質の埒外にあるはずだからである。宣長によるかような論点のすりかえが、果たして意図的であったか否かは判然としないが、いずれにせよ、ここに宣長国学の有する問題点の一つが露呈してしまっているように思われる。それはすなわち、宣長が自国の優位性を説くにあたってその窮極的な根拠とする「皇國」という観念が、たとえば右に秋成のいうような、「一國」の「太古の傳説」として相対的視座のもとに晒されてしまったときに、国学的言説からはその批判に対して有効な客観的根拠を用意できないという問題である。それゆえ、宣長は先の反論に続けて、なおも国土の話題を引き摺りながら、

抑皇國は四海萬國の元本宗主たる國にして、幅員のさしも廣大ならざることは、二柱大御神の生成給へる時に、必さて宜しかるべき深理のあることとなるへし、其理はさらに凡人の小智を以てとかく測り識へきところにあらす、

と述べ、「不可測なることは不可測といはで何とかいはむ」という不可知論を展開せざるを得ないのである。

だが、宣長が不可知論へと逃げを打つのは、何も『呵刈葭』に限ったことではない。たとえば、『呵刈葭』に於ける論争の発端となった『鉗狂人』や、あるいは『くず花』に於いても、宣長は自身の論に客観性が欠如している旨の指摘に対しては、不可知論を持ち出しつつ、その不可知の領域に踏み込もうとする態度を、「漢意」に基づく「さかしら」による越権行為であると批判することでこれに応酬しようとする。したがって、この類の批判は、彼にとって織り込み済みのものであったともいえるわけである。現に、前掲引用部の直後に於いても、宣長は、「不可測をしひて測りいはむとするは、小智をふるふ漢意の癖也」と結び、秋成はこの「漢意」という「一點の黑雲」に泥んでいるがゆえに、真実を知ることができないのだと主張することで、秋成の論難を斥けようとしている。

しかしながら、秋成の批判が、その他の駁論と軌を異にしているのは、その先に、宣長思想の根柢を衝く、次の

ような問いを投げ掛けた点にある。

　儒佛の二教も土地にふさわずは、培養する共生育すへからす、既に切支丹の國禁嚴なるを見つへし、二教の神孫の御心にかなはせ給ふは、既國土に相應しき共いふへし、其ふさへる大理は、人の小智に推測るへきにあらす、今や二教は羽翼に用ひさせ給ふをも、國津神の惡ませ給はぬにて見れば、今日遺恨もなきこと也、

　先述のように、宣長は「神のさだめ」によって運営されるありのままの現実を肯定する立場を採る。だとすれば、「儒佛の二教」が「國禁嚴なる」キリスト教と違って、「神孫の御心」によって「羽翼に用ひ」られている現状もまた、その「神のさだめ」の所与として肯定されて然るべきではないかと秋成はここで問うのである。さらに、秋成は宣長の論理を逆手に取り、それらが我が国に相応しく適用されていることは「大理」であり、したがって、かかる「大理」は「人の小智に推測るへきにあらす」と附言する。この秋成の批判の中で、二重に退路を塞がれた格好となってしまった宣長は、「此論、世人の誰も皆いふことなれ共、まことの道をしらさるもの也」といい、秋成に対して批判的な言を投げ返しはするものの、その問いそのものに積極的に答えることはしていない。
　だが、この問題について、宣長は別の書物の中でその立場を披瀝している。すなわち、『答問録』に、

　儒も佛も老も、みなひろくいへば、其時々の神道也、

―中略―

儒を以て治めざれば治まりがたき事あらば、儒を以て治むべく、佛にあらではかなはぬ事あらば、佛を以て治

むべし、是皆、其時の神道なれば也、[14]

とあるのがそれである。自身の思想上に於いて、峻厳に「漢意」の排除を徹底した宣長国学は、その帰結として右掲の如き機会主義を導き、一見すると一旦は拒絶したはずのものを自らの手によってその内に抱き込むという自家撞着に陥っているかのようにも見える。

このように、『呵刈葭』に於ける諸々の論争について宣長は、最後には「信せん人は信せよ、信せらん人の信せさるは又何事かあらん」というほかはなかった。そして、秋成による一連の批判はすべて、「何をがな非を見付出して、余か立説をくじかむとする」ものであり、自分を論破しようとするあまりに「皇國」を貶めるような言説を繰り返す秋成は、「狂人のたくひ」であると結論付けて、宣長の反駁は幕を閉じる。

結

『呵刈葭』での論争を通して浮かび上がった宣長思想の問題点を簡潔に纏めるならば、客観性の欠如とそれに伴う不可知論の導入、ならびに機会主義によって齎された自己矛盾的言説ということになるだろう。これらはいずれも宣長国学のありかたそのものに深く根差しており、したがって、極めて解決困難なものであるといわざるを得ない。また、かような不可知論や機会主義に基づく発言を繰り返すことが、大久保正の指摘するように、「論駁の効果をいちじるしく弱める」[15]結果を招いていることも否定すべからざる事実である。だが、一方でその批判様式が一定の強靭さ、堅牢さを確保していたがゆえに、国学は諸々の問題を抱えたままに、論争という手段によってその存在を維持し続けることができた。そして、その問題を繕うかたちでもって、宣長歿後の門弟平田篤胤の思想へと架橋されていったのである。

最後に、宣長思想の持つ論争的性格について一言しておきたい。既に何度も述べたように、宣長の国学的言説は、その成立契機ゆえに、常に論争的性質を帯びねばならなかったし、またその際に用いられる言辞の過激さ—それは時に相手を「狂人」と呼び、人格否定に及ぶことをも憚らないようなものであった—も相俟って、恰も宣長本人が論争そのものを目的として論争する、謂わば「論争狂」であったかのようなイメージを懐かれることが少なくない。だが、そうした見方は誤りではないか。それは、相も変わらぬ過激な口調で秋成を非難した『呵刈葭』の、その末尾にひっそりと附された、このような但し書きによって明らかになるように思われる。

　上件、上田氏か論いたく道の害となる物なれは、いさゝかこれを辨する也、見む人あらそひを好むとなおもひそ、

やはり、宣長にとって論争とは、どこまで行っても、自身の思想を保ち続けるための「手段としての論争」であった。しかし、それは「手段」であるがゆえに、宣長本人の好むと好まざるとにかかわらず、必然として彼を論争へと誘致してやまないものでもあったのだろう。「見む人あらそひを好むとなおもひそ」という一節は、あるいはそうしたジレンマの内に去来する、宣長の悲哀の吐露であったのかもしれない。

（1）　子安宣邦『本居宣長とは誰か』平凡社、二〇〇五、一六八頁。

(2) 以下、『直毘霊』についての引用部はすべて、『本居宣長全集　第九巻』(筑摩書房、一九六八)、四九〜六三頁に拠った。
(3) 宣長は、儒学に於ける「聖人」を、一貫して単なる権力簒奪者に過ぎぬものとして扱う。当該箇所以外にも、たとえば、「湯武が如き逆賊のしわざは、決して天神のゆるし給はざる處也、然れ共、桀紂が如き王の出來るも、又さる時に聖人の如き賊の出來て桀ゆるも」(本居宣長『くず花』(『本居宣長全集　第八巻』所収、筑摩書房、一九七二)、一二三頁)と、放伐を敢行した湯王・武王や、暴君として名高い桀王・紂王と並べて、聖人を卑賤な「賊」として扱っている。
(4) 丸山眞男『日本の思想』岩波書店、一九六一、二〇頁。
(5) 同、一九頁。
(6) かような言説は、『直毘霊』の随所に散見される。たとえば、自国に於ける「道」について言及する件では、「道あるが故に道てふ言なく、道てふことなけれど、道ありしなり」という説明が為されている。
(7) 勿論、こうした儒学的思弁体系を拒否する姿勢は、宣長の師である賀茂真淵にも見られるものであった。しかしながら、真淵が儒学の「さかしら」に「自然」という概念を対置し、老荘思想への接近を見せたのに対して、宣長は、「かの老荘どもは儒者のさかしらをうるさみて、自然なるをたふとめば、おのづから似たることあり」(『直毘霊』)としながらも、「自然なりと思ふも、なほ聖人の意のおのづからなるにこそあれ、…大旨の甚くたがへる物をや」(同)といい、まさしく「自然をも含めた一切のイデーの優位を斥け」(丸山眞男『日本政治思想史研究』東京大学出版会、一九五二、一六五頁)てしまったのである。
(8) 相良亨『本居宣長』講談社、二〇一一、二一四〜二一五頁。
(9) 加藤周一は、朝日新聞紙上で連載していた『夕陽妄語』に於いて、「宣長・ハイデッガ・ワルトハイム」と題した章の中で、「宣長の古代日本語研究が、その緻密な実証性において画期的であるのに対し、その同じ学者が、上田秋成も指摘したように、粗雑で狂信的な排外国家主義を唱えたのは、何故か」(加藤周一『夕陽妄語Ⅱ』朝日新聞社、一九九〇、九二頁)という問いを、「宣長問題」として提起した。
(10) 子安宣邦『本居宣長』岩波書店、二〇〇一、五二頁。
(11) 儒者市川鶴鳴による『直毘霊』批判の書、『末賀乃比禮』(一七八〇)に対する駁論。一七八〇年脱稿。
(12) 中国中心史観から、日本古代の文化の一切を朝鮮中国由来であると主張した、考証学者藤貞幹の『衝口發』(一七八一)に対する駁論。一七八五年脱稿。
(13) 以下、『呵刈葭』についての引用はすべて、『本居宣長全集　第八巻』(筑摩書房、一九七二)、四〇一〜四一三頁に拠った。
(14) 本居宣長『答問録』(『本居宣長全集　第一巻』所収、筑摩書房、一九六八)、五二七〜五二八頁。
(15) 大久保正「解題」(『本居宣長全集　第八巻』所収、筑摩書房、一九七二)、三四頁。

終章　自国意識と自国語意識

本書では、自国意識および自国語意識という問題関心を中核に据えて、賀茂真淵と本居宣長によって組み立てられた国学思想の内実を追ってきた。本章に於いては、ここまでに行ってきた一連の考察の結果を総括し、それらに一定の道筋をつけるとともに、今後の課題や展望について一言し、もって全体の閉じ目としたい。

本書がまずもって着手したのは、国学という思想潮流が誕生するその契機が果たして何処に存していたか、という点について確認することであった。すなわち、第一章に於ける考察がそれである。勿論、同章でも述べたようにその直截的な動因としてあるのは、やはり徂徠学の出現とその分裂であったとせねばならない。真淵や宣長がその言説の中で攻撃を加えた「儒学」は、明らかに徂徠学の教説を前提したものであったし、徂徠が投げ込んだ「古文辞」の衝撃によって、臆説を弄する「後儒」が駆逐された当代日本の思想界にあって、儒学内部に於いてその覇権を欲しいままにした徂徠学を「儒学」の代表格として見做すことは、必ずしも不自然なことではなかったはずである。ゆえに、先学の大勢は、徂徠学との否定的連関の内に国学成立の契機を認め、両者の方法論に於ける構造的牽連も含めて、その究明に尽力したのであった。だが一方で、徂徠学との関係性に著しい注視を向ける姿勢は、国学研究に於いては、知らず徂徠学以前の儒学内部に於いて為された思想的営為を閑却するが如き傾向を有するものでもある。而して、それは恰も国学が、儒学の存在をそれが外来思想であるということのみを理由にして忌み嫌い排除しようとする、急進的かつ狂信的なナショナリストによる排他的言説として、やにわに立ち上がったものであるかのような印象を惹起しかねない。国学思想が、ともすればただ乱暴なだけの排外的国粋主義思想であったと見做されるような傾向は、宣長以降の国学の展開をして、「天皇制的国体イデオロギーの重要なる一源流であり、国学に示された政治的課題とそれを遂行するための論理こそ、明治以後における国体イデオロギーの課題と論理との主要なる一源流であった[1]」とするような見立てもさることながら、その成立の誘因として専ら徂徠学の存在を睨む、従来の研究の態度にも一因があるといえるのではないだろうか。しつこいようだが、本書もまた、徂徠学を国学発生の主因と目することに反対するものではない。では何がいいたいかといえば、それはすなわち、国学に見られるが如き反外国（外国思想）的志向は、突発的に、且つ急速に現れたわけではないということなのである。

第一章に於いて明らかにしたように、自国へと回帰する傾向は国学発生に先駆けて、儒学の内部に於いて準備されていた。儒学思想、わけてもその基層に底流する「華夷秩序」に従って、自身を卑しめること、自国を貶めることに対する疑念は、既に一定の具体性を伴って儒者の言説に表出されていた。だが、儒者は儒者であるゆえに儒学の外に寄る辺を持ち得なかったのである。したがって、儒学内部からの抵抗としての自国意識発出は、徂徠学によって否定されざるを得なかった。しかしながら、その徂徠学が行き着いた先、すなわち「聖人の道」への絶対的帰順の姿勢は、期せずして儒学思想に内在するローカル性を最大限に強調し、それを自己暴露するという結果を招いた。徂徠学の内部にやがて訪れた分裂はさながら、儒学に萌芽した自国意識を押さえ込んだ徂徠学という名の殻壁に走った亀裂そのものであった。而して、この機に乗じてかかる徂徠学の亀裂を攻撃し、自国意識を掲げんとしたのが真淵だったのである。

かくして真淵によってその本格的な成立を見た国学思想であったが、そこには未だ多くの問題点が山積していたこと、第二章ならびに第三章に於いて考察した如くである。その中にあってとりわけ重大であったのは、その思想上に於いて自国を「古へ」と「今」とに分断し、且つはその軸足を前者に置いてしまったことであった。窮極的な理想社会としてのありかたを「古へ」の世に認め、その理想と決定的に懸隔した「今」を嘆き厭う真淵の自国認識は、どこまでいっても両者の分離を維持し続けたままに展開され、その理想への回帰を強く願った真淵は、遂には自身の否定した「教への道」と同様の教化的側面を抱き込み、またあるいはその理想的な「古へ」という見立ての正当性を担保する傍証を求めて、老荘思想への接近を試みたのである。

ゆえに、その後を継いだ宣長は、師説の継承にあたってこれらの問題に否が応でも面接せざるを得なかった。而して、彼は「漢意」の否定による思想定立という基本構造や、「古への哥」から古語を知るという古典研究の方法論自体は真淵から踏襲しつつも、限定された「古へ」を基軸とする「おのづからなる道」についてはこれを明確に斥けた。この点に於いて、宣長は萬葉的世界観に固執するあまりに「漢意」否定の不徹底を招いていた師の思想を超克し、『古事記』を基盤とした新たな地平を開拓したのである。もし仮に、宣長が真淵と同様にして萬葉主義的歌学観を有していたならば、おそらくかかる超克は為し得なかったであろう。だが、第四章に於いて見たように、そもそも宣長の和歌に対する価値観は真淵のそれとは異なるものであった。それゆえ、宣長にとっての『萬葉集』は、そこから古語を学び取り、もって自国の古典を読み明らめるという意味に於いてはたしかに重要な価値を持つものであったけれども、それ自体を絶対視し、価値を堅守せねばならぬものではなかったといえる。だからこそ彼は、師の説く萬葉的古代観に拘泥することなく、その先へと歩みを進めることができたのである。

　そして、宣長が師説から脱して新たに『古事記』を基盤とした古道説を唱導するに到った背景として無視できないのが、自国語に対する認識である。国学の先駆的存在として『萬葉集』の精緻な註釈を行った契沖に始まり、真淵、そして『古事記』註釈に着手するまでの宣長も、各々自らの研究の手法として、あるいは思想の中核そのものとして『萬葉集』の和歌をつぶさに検討している。而して、かかる萬葉研究に従事した彼らは、そこから立ち顕れる古代に於ける自国語、すなわち「古言」と、古代よりそこに宿るとされた霊妙な言語の威力「言霊」の存在とに対面することになったわけである。既に論じたことではあるが、契沖に於ける言語意識は、未だ自国語意識と呼べるほどの傾向を有してはいなかった。このことは取りも直さず、彼にあっては真淵や宣長ほどの強さをもって自国意識が観念されていなかったということでもある。勿論、契沖に於いても自国意識の存在は皆無ではなかった。たとえば『萬葉代匠記』「惣釋」の冒頭は、「本朝は神國なり。故に史籍も公事も神を先にし人を後にせすと云事なし。上古には唯神道のみにて天下を治め給へる」[2]という記述で始められている。だが、それはあくまでも「本朝」、すなわち自国が「神國」であるという、従来の神国思想に基づく発言に過ぎない。したがって、これは本文を書き出すにあたっての、定型句としての意味を出るものではないと見てよいだろう。だからこそ、彼の言説に於いては「神國」である自国が他国に比して優越しているといったような言及が顕れてくることはない。縦しんば彼が、かかる「神國」という文言を用いたその背後に自国優位の認識を有していたとしても、それが著作の中で表だって誇示されることはなかった。だからこそ、その自国に於いて通用している自国語への意識についてもまた、至って淡白な扱いしかされることはない。それは、何らの躊躇もなく「梵語の法は多く本朝に似たり」[3]と、他言語との共通性に言い及ぶ態度や、あるいはまた、言語の有する威力についても強いて自国語のみに限定せず、単に「言に靈驗あり」といって、それを言語全般にわたるものとして捉えるような発言からも明らかであろう。自国意識の発揚なくしては、自国語意識の発揚はその用を為さぬものなのである。

このことは、続く真淵や宣長の自国語への言及と比べてみればより一層明白である。両者はいずれも、程度の差こそあれ、他国の言語との比較の上で、自国語が優れているという主張を展開していた。而してそれは、自国語の優位から押し拡げて、自国優越の主張へと繋がる。ここに自国意識と自国語意識との牽連は自明であるといえる。ただし、真淵と宣長では、自国語に対して期するところに相違があったことを見落としてはならない。真淵にとっての自国語は、あくまでも自身の理想とする「古へ」を描出するにあたっての一つのファクターに過ぎぬものであった。一つには自国の古代に文字がなかったという事実を積極的に肯定するためのものとして、また今一つには、「言＝事」の少なさから「直さ」という理想的な古代人の心情のありかたを可能ならしめたその理由として、彼は自国語に宿る霊妙な威力という認識を持ち出したのである。だが、宣長にとって言語はもはや、真淵の認識に於けるが如き補助的な扱いをされるものではなかった。彼にとっては自国語の有する霊威によって「意と事と言とは、みな相稱へる物」、さらには「すべて意も事も、言を以て傳るもの」であると考えられたから、「言」はすなわち心情そのもの、事実そのものであった。ただし、かかる「相稱」関係は一方で、その時々のありかたのままに、不純物をまじえぬ限りに於いて成立する等式であったから、その意味で「漢意」は厳粛に払い去られねばならなかった。これは自国の「意」を知ることである。また、『萬葉集』をはじめとした和歌の精査をもとに行われた国語研究は、自国の「言」を知る作業であった。而して、「漢意」を離れた自国の「意」を知り、自国の言語である「言」を知ること、それはやがて「事」を知ることである。すなわち、こうした作業を経て読み出される『古事記』のテクストは、ただちに「事」そのものとして肯われるに到るのである。『古事記』の内容の一切が「上代の實」であると信ずる宣長の態度は、まさしく自国語への信服の念にきざしている。『古事記』の記述がすべて「實」であるとすれば、それは同様にして、そこに記されている「神代」すらも「實」であるということにほかならない。ゆえに、宣長にとって神代巻に現れる神々は過去に実在した存在であり、そこで繰り広げられている神話の数々は仮構ではなく、そうした現に在った神々の事蹟の記録である。すなわち、「御國にて神と申物は、さらに假の名にあらず、こと〴〵く實物」であり、(4)「日神は卽天つ日にまします御事は、古事記書紀に明らかに見えて、疑ひなき」(5)ことなのである。

宣長にとって神とは、「尋常ならずすぐれたる徳のありて、可畏き物」(6)のことであり、その性質については一様ではないとされた。まさしく神とは、「貴きもあり賤きもあり、強きもあり弱きもあり、善きもあり悪きもありて、心も行もそのさま〴〵に隨ひて、とり〴〵」(7)であるから、福を齎すこともあれば、その一方で禍を為すこともある。だが、そうした神々による所為は、彼らが優れて畏い存在であるがゆえに、神にあらぬ人の身をもってそれを推し量ることができない。ゆえに人はその小智を揮って徒にそれを測り論うことをせず、「たゞ其尊きをたふとみ、可畏きを畏」(8)むほかはないのである。すなわち、人代の世に起こる善事も悪事も、一様に神の所為として甘受すること、これこそが宣長の辿りついた自国のありかた、つまり「神ながらの道」であった。第六章で言及した、宣長思想に於ける不可知論的傾向は、まさしくかかる認識から出でしめられたものである。否定的手法という真淵国学の骨子を継承しつつ、そこに於いて師の提唱した「自然」すらも否定した―あるいは否定せざるを得なかった―宣長国学は、遂に一切の合理性や法則性を排除し、非合理を非合理のままに受け入れるという境地に達した。「理」を排し、非合理を神の所為として是認する宣長にあっては、もはやそれを説明する手立てもなければ、説明する必要性すらもない。ここに不可知論的態度が生起することは、宣長思想の展開に伴う必然である。彼の説いた「神ながらの道」は、畢竟『古事記』の記述が「實」であるという認識に基づく非合理の合理化であるにほかならなかった。宣長が他者との論争に於いて持ち出す不可知論は、したがって、一方では論争の手段であったが、また一方に於いては彼の確信の表出でもあったのである。

　しかしながら、神の所為の結果を「さだめ」として諾々と甘受すべき旨を説く宣長のかような認識は、一切の積極性を排した単なる諦念のようにも映る。彼の師である真淵も自身の生きる「今」に対してペシミズム的な傾向を示していたが、彼の場合はその反動として理想の「古へ」に回帰しようとする志向性を強く有していた。しかるに宣長は、真淵のように具体的な理想状態を描こうとすらしない。勿論、宣長も上代を尊ぶような発言はしているが、それは立ち到るべき理想としてではなく、

> 皇國の古は、さる言痛き敎も何もなかりしかど、下が下までみだる、ことなく、天下は穏ひに治まりて、天津日嗣いや遠長に傳り來坐り[9]、

というように、「道」のありかたが模範的であったことを称讃しているに過ぎず、その状態へと回帰すべきであると説くことはない。現状肯定を旨とする「神ながらの道」を採る宣長国学には、真淵の思想に見えるが如き復古への志向性は存在しないと考えなければならない。

　だが、彼は現世を悲観し、諦念を懐くがゆえに現状への随順を説いたわけではない。彼にはある確信があった。

> かの神勅の如く、天壌と無窮に天津日嗣の傳はり給ひて、そのあひだに、禍つ日神のあらびはをりをりあれ共、猶天皇は天皇にて、儼然とまします、此大本を始めとして、萬の事さはいへどあやしきまで古の規の絶は

てずして、今にのこれるは、恐らくは天地の間に、たゞ此皇御國のみならんぞと思ふ(10)、

この世に於ける禍は、「禍つ日神のあらび」によるものである。この「禍つ日神」は悪神であるけれども、「尋常ならずすぐれたる徳のありて、可畏き物」であるから、人間がいかにその智を働かせたところで、それに干渉することはできない。ゆえに、その状態は甘んじて受け入れるしかない。「禍つ日神のあらび」によって悪くなった状況に対して、これを「教へ」でもって変更しようとか、あるいはそれを厭うて理想的な時代へ回帰しようとすることは、そもそも不可能なのである。しかし、いくら「禍つ日神」が跋扈しようとも、自国に於いては現在に到るまで「天壌と無窮に天津日嗣の傳はり給ひ」、「天皇は天皇にて、儼然とましま」している。そしてこの事実は、「禍津日神しばしばあらぶといへ共、つひに善神に勝ことあたはざる験(11)」であると宣長はいうのである。

真淵が「今」の世の頽落の根源と見做した儒学の流入という事態さえも、宣長にとっては「禍つ日神」によるしばしの「あらび」の結果でしかない。而して、その一時の「あらび」は、「天皇は天皇にて、儼然とましま」す限り、いつかはやがて収束するものである。真淵によって放置され、ついぞ埋められることのなかった「断層」はここに解消され、且つはそれによって分断されていた「古へ」と「今」とは、『古事記』の「實」のもとに保障された天壌無窮の皇統によって、しかもそれがその保障のままに持続しているという事実によって、一貫した自国として全面的に肯定される。本書に於いて追い続けてきた、近世日本に於ける自国に対する意識の展開は、否定や分断といった紆余曲折を経て、宣長による国学の大成とともに、全き「自国」意識としてその定位を見たのであった。

最後に、考究の途上に於いて見出されたいくつかの課題や展望について、少々言及しておきたいと思う。まず一

点課題として残るのは、宣長思想の孕む種々の問題点についてである。本書では、あくまでも主題として掲げた自国意識や、あるいは自国語意識という問題関心を中心に論じることを心掛けたため、あえて深く追求することをしなかったが、第六章に於いて提示した客観性の欠如や不可知論的言説、機会主義といった宣長思想の諸問題点は、本来であれば入念に考究されねばならぬ論題である。同章結部でも述べたように、これらは宣長の国学思想のありかたそのものに根源を持つものであり、それはまた翻って、彼の思想のみに留まらず、その敲き台となった真淵思想や、あるいは宣長以降の国学思想についても、極めて重要な牽連を有するものであると捉えねばならないだろう。現に、宣長に於ける不可知論や機会主義的傾向は、突き詰めれば否定を契機として自身の思想像を立ち上げようとするその手法ゆえの代償、別言すれば「漢意」排除を徹底したことの結果であり、而してかかる「漢意」否定による思想定立という志向は、いうまでもなく真淵国学にその淵源を認め得るものである。この事実一つをとっても、国学思想にとって件の問題が持つ意味は極めて重い。

また、このことは宣長以降の国学の展開、わけても平田篤胤によって開かれることになった神道への著しい傾斜を特徴とする思想傾向、すなわち一般的に「復古神道」と呼称される思潮の生起や、その系譜に連なる思想家らの出現に大きく影響しているものと考えられる。真淵によって提示された「漢意」の排除という方針は、しかしながら、真淵自身の思想に於いては未だ不徹底の観が否めないものであったことは、既に本書の中で指摘した。中国由来の思想や文化を、延いてはそれらを生んだ中国という国そのものを声高に批判しながらも、他方に於いては同じく中国で成立した『老子』の言説に対して深い共感を寄せ、それを全面的に肯定するかのような真淵の態度は、『老子』の言説自体に広く解釈の余地が存しているということや、『老子』が儒学に対するカウンターとしての側面を有しているという事実を差し引いたとしてもなお、矛盾あるいは不徹底との誹りを免れぬものであろう。ゆえに、これを問題視した宣長は、師説に於いて生じてしまった、『老子』の「無為自然」と真淵国学の「おのづから」「天地のまに〳〵」といった概念との間の癒着へとメスを差し入れ、国学思想の「古道説」が説くところと『老子』の思想―この際に宣長は荘子も含めて「老荘」としているが―とは、「大旨の甚くたがへる物」であるとして、両思想が乖離していることを強く主張したのであった。こうした宣長の態度は、国学がその思想に於ける一つの大きな軸として据えたところの、「漢意」排除なる方策への向き合い方という観点から見れば、紛れもなくその純化徹底に寄与するものであり、まさしく国学の大成者という評価に恥じぬ姿勢を採ったといえよう。だが、別の角度からこの点について考えようとするならば、そこにはまた、違った評価が立ち顕れてくるようにも思われる。

かつて丸山眞男は、真淵から宣長へと到る国学思想の展開について「儒教の「さかしら」に対して自然を対置した真淵を更に超克し、自然をも含めた一切のイデーの優位を斥けた宣長によってはじめて国学本来の文献学は確立された[12]」といい、また、そうした段階を経て成立した宣長思想については、「仁義礼智等々の抽象的道徳より政治的イデオロギーに至るすべての規範の否定そのものに存した[13]」ものであったと分析した。丸山によるこうした見解は、その思想定立に関して「否定」という契機に強く依拠する国学思想の特質、とりわけ宣長の国学思想に於けるそれについて、実に的確なものであるといえる。ここに引いた丸山の言を借りるならば、宣長思想の到達した境地というものは、畢竟ありとあらゆる「規範の否定そのもの」であり、「一切のイデーの優位」を排斥することにほかならなかったわけである。このようにして、道徳から果ては政治性に至るまで、あらゆる規範や理法の類、すなわち丸山のいうところの「イデー」を峻拒したその先に、宣長の「神ながらの道」は現出したのである。つまり、真淵から宣長への思想的展開は、真淵国学の包含していた幾許かの「イデー」―それは『老子』の思想であり、またあるいは理想世界としての萬葉的上代のさまであった―を、国学の本体から削ぎ落としてゆく過程であったともいえるだろう。

では、かような試みの果てに残ったものは一体何だったか。それは、もはや何らのイデーも持ち込み得ない状態となった宣長思想に於いて唯一その寄る辺とすることが許された、記述された「事実」としての神の事蹟、すなわち「神の御所爲」にほかならない。そして、人が己の「さかしら」を一切持ち込むことなく、この「神の御所爲」に従って生きること、このことが宣長の説く「道」の様相であった。されば、宣長国学に於けるこの「神ながらの道」もまた、「道」である以上は一つのイデーたるに服するものと捉えるべきであろうか。だが、宣長のいうそれは、ありとあらゆる状況を、一様に神の所為として肯定し甘受するという、極めて強い受動性に彩られており、人が積極的に踏み行うべきものとして観念されてはいなかった。そもそも、「神ながらの道」というありかたを裏付ける神の事蹟さえ、宣長はこれを規範化しようとはしない。宣長にとって神話に於ける神々の事蹟は、『古事記』に記載された事実として見做されるが、それは翻って事実以上の意味を持たぬものでもある。ゆえに彼は、それを普遍的な理へと架上することをしないし、そこから何らかの規範を導出しようともしない。近年にあって、宣長思想を「神学」として捉えようとする研究も散見されるが、その際にはこうした点が一つ大きな問題となってくるだろう。

さて、ここまでに述べたように、宣長思想にあっては「一切のイデーの優位」が閑却せられるわけであるから、あらゆる規範はその用を為さぬものであるし、「さかしら」による推測や憶測も否定される。先に挙げた不可知論的傾向などは、まさしくこうした姿勢に端を発しているものといってよい。また、「神ながらの道」というありかたに従う限りは、「神の御所爲」の結果である現状に対して、人が何らかの積極性を働かせることも肯定されない。「そも〳〵道といふ物は、上に行ひ給ひて、下へは、上より敷施し給ふものにこそあれ、下たる者の、私に定めおこなふものにはあらず[14]」や、「學者はたゞ、道を尋ねて明らしめるをこそ、つとめとすべけれ、私に道を行ふべきものにはあらず[15]」といった言説に代表されるような宣長国学に於ける非政治性は、「神ながらの道」を旨とする宣長にとっての当然の思想的帰結として、現れて然るべき傾向であった。だが、本来非政治的なものであったはずの宣長の国学思想は、周知の如くに、それを継承した平田篤胤を境にして、政治性を帯びた復古主義へと傾斜し始める。ここに成立した宣長から篤胤への影響関係こそ、それ以降の国学思想を準備した元兇という位置付けのもとに、謂わば原因への遡及としての否定的評価を、宣長や真淵の国学が蒙ることになったその一因であるだろう。

この辺りの事情について、丸山は次のように述べている。

古道は一つの積極的規範となる。既に宣長に内在してゐたこの傾向は彼の歿後の門人、平田篤胤によって更に押進められた。歴史的所与はもはや単に所与として受取られずに、古道といふ一つの政治的「イズム」の批判に服するようになる。一部の平田派国学者の明治維新における政治的実践はここに論理的根拠を与へられた。しかしそれは同時に、多かれ少かれ宣長学の学問性の破壊をも招来した。

―中略―

国学はそれ自身を排他的な政治原理に高めることによつてではなく、その学問的方法における純粋性―からごころの排除―を徹底的に貫きつつ、政治的部面においては、……逆に一切のイデオロギーを包容して行く態度によってのみ新しい時代における生存権を保ちえたのである[16]。

ここから先に述べることは私見に過ぎぬものであるが、今後の課題あるいは展望へと繋がるものとして、ここに記しておきたい。宣長の国学思想は、『古事記』註釈の集大成である『古事記伝』の完成、ならびにそれによって導出された「神ながらの道」によって、一つの終局を見たといえるのではないだろうか。宣長が『古事記』の記述の内に見出した一連の思想は、それが人智の及ばぬ「神の御所爲」を主軸とするものであるがゆえに、窮極的には「不可測」の領域へと回収されざるを得ない。また、既述したように、『古事記』に於ける記述を神々の事蹟として、極言すれば単なる事実を記録したものとして扱う限りは、その一切はどこまでも事実であるということを超え出ない。これは一つの思想的到達であり、完成であるだろうが、如上の性質を堅持するのであれば、そこにはもはやそれ以上の発展性は認められないように思われる。何せそこに於いては、規範も政治性もないばかりか、実践的側面の存在すら疑わしいのである。而して、思うにこのことこそが、宣長国学が篤胤に継承されて以降に蒙った思想的変容の誘因だったのではなかったか。宣長の手によってあらゆるイデーが排除された、その跡地に立った篤胤は、完結した宣長思想からの発展を求めて、そこに新たなイデーを生み出そうと目論んだのであり、その結果として現れたのが、『古事記伝』の成果をもとにして篤胤が独自に組み直した、件の神道思想だったのではないか。

だが、いずれにせよ篤胤による宣長思想の継承発展は、残念ながら丸山のいうように「宣長学の学問性の破壊」を招くこととなった。すなわち、契沖を先駆として、真淵を経由して宣長によって大成された国学思想は、篤胤に到って変貌を遂げたのである。篤胤の思想を惹起せしめたその一因が、宣長思想に伏在していたということは否定できない。しかしながら、その思想的内実に鑑みたとき、篤胤やその系譜に連なる国学者と、宣長や真淵とを一纏めにして評価を下すことには躊躇の念を禁じ得ない。本書が、その題目に示した如くに国学を扱うものであるにもかかわらず、その対象を宣長までに留め、代表的な国学者の一人であるとされる篤胤を取り上げていないのは、自身の能力面での限界もさることながら、こうした見解によるところも少なくはない。

西郷信綱は、その著書『国学の批判』の中で、国学研究の向かうべき方向について以下のように言及している。

国学の性格はいろいろな方面から規定されているようだが、少くともその人間構造を正しく把握するには、それはまず、その表現を和歌に見出したところの広い意味での文学的運動であった、と規定されねばならない。尤も、このような規定の仕方に対して、有力な反対が予想される。それは国学のなかに、政治性の契機を見出そうとする立場からの反対である。

―中略―

だがこのような立場は、主として幕末維新のころにおける国学を対象として導き出された危機的解釈であり、決してそれを以て、国学の歴史的性格を云々することはできないと思う。それに、幕末維新時代の国学が持った政治性にしても、もっと精密にその本質を分析さるべきである。ましてそれは、篤胤以後に変質をとげた末期国学なのだから、そこから単純に抽象された概念で、それ以前の国学まで裁断しようとかかるのは、性急の沙汰であるといわねばならない。(17)

このように、早く西郷が指摘した国学に対する認識のありかたは、徐々にではあるが確実に滲透してきているように見受けられる。しかしながら、一方でそれは未だ十全に達成されたとは言い難い。現に、「国学の四大人」といわれる観念、すなわち国学に於ける思想的正統を「荷田春満―賀茂真淵―本居宣長―平田篤胤」という系譜に認めようとするカテゴライズは今でも広く通用しており、従来の国学観が維持され続ける一因となっている。本書に於いて為した研究も、今後その論をさらに突き詰めてゆこうとすれば、いずれは必ず如上の問題に面接せざるを得ないであろうし、今回は取り上げることのなかった篤胤の思想についてもまた、考究の手を伸ばさねばならないだろうが、現状に於いては自身の浅学がそれを許さない。したがって、かように山積する問題を残したままではあるが、これらは今後の課題として胸中に留め置きつつ、本書はひとまずここで擱筆することとしたい。

（1）松本三之介『国学政治思想の研究』未來社、一九七二、一七頁。
（2）契沖『萬葉代匠記惣釋』（『契沖全集　第一巻』所収、岩波書店、一九七三）、一五八頁。
（3）同、一六二頁。
（4）本居宣長『くず花』（『本居宣長全集　第八巻』所収、筑摩書房、一九七二）、一五二頁。
（5）同、一二七頁。
（6）本居宣長『古事記伝』「神代一之巻」（『本居宣長全集　第九巻』所収、筑摩書房、一九六八）、一二五頁。
（7）同、一二五頁。
（8）同、一二六頁。
（9）本居宣長『直毘霊』（『本居宣長全集　第九巻』所収、筑摩書房、一九六八）、五二頁。
（10）本居宣長前掲『くず花』一五七頁。
（11）同、一五五頁。
（12）丸山眞男『日本政治思想史研究』東京大学出版会、一九五二、一六五頁。
（13）同、一八一頁。
（14）本居宣長『宇比山踏』（『本居宣長全集　第一巻』所収、筑摩書房、一九六八）、一〇頁。
（15）同、一一頁。
（16）丸山眞男前掲書、一八一〜一八二頁。
（17）西郷信綱『国学の批判』未來社、一九六五、五四頁。

参考文献一覧

一次資料

大野晋・大久保正編『本居宣長全集』全二十巻・別巻三、筑摩書房、一九六八〜一九九三年。

久松潜一校訂『契沖全集』全十六巻、岩波書店、一九七三〜一九七六年。

久松潜一監修『賀茂真淵全集』全二十七巻、続群書類従完成会、一九七七〜一九九二年。

平田篤胤『霊の真柱』岩波書店、一九九八年。

本居宣長『排蘆小船・石上私淑言―宣長「物のあはれ」歌論―』岩波書店、二〇〇三年。

本居宣長著、粕谷興紀解題『出雲國造神壽後釋』和泉書院、一九八五年。

山本饒編纂『校本賀茂真淵全集思想篇』上・下、弘文堂書房、一九四二年。

関連著書

麻生磯次『宣長の古道観』至文堂、一九四四年。

網野善彦『「日本」とは何か』講談社、二〇〇八年。

石川公彌子『〈弱さ〉と〈抵抗〉の近代国学―戦時下の柳田國男、安田與重郎、折口信夫―』講談社、二〇〇九年。

伊藤聡『神道とは何か』中央公論新社、二〇一二年。

伊藤益『ことばと時間―古代日本人の思想―』大和書房、一九九〇年。

伊藤益『日本人の知―日本的知の特性―』北樹出版、一九九五年。

井上順孝『神道入門　日本人にとって神とは何か』平凡社、二〇〇六年。
井上寛司『「神道」の虚像と実像』講談社、二〇一一年。
今井淳・小澤富夫編『日本思想論争史』ぺりかん社、一九七九年。
岩田隆『宣長学論究』おうふう、二〇〇八年。
岩淵悦太郎『日本語を考える』講談社、一九七七年。
上田賢治『国学の研究―草創期の人と業績―』大明堂、一九八一年。
上山春平『続・神々の体系』中央公論社、一九七五年。
大野出『日本の近世と老荘思想』ぺりかん社、一九九七年。
大野晋『日本語をさかのぼる』岩波書店、一九七四年。
小笠原春夫『国儒論争の研究』ぺりかん社、一九八八年。
加地伸行『儒教とは何か』中央公論新社、一九九〇年。
桂島宣弘『思想史の一九世紀―「他者」としての徳川日本』ぺりかん社、一九九九年。
加藤周一『日本人とは何か』講談社、一九七六年。
加藤周一『夕陽妄語Ⅱ』朝日新聞社、一九九〇年。
川村湊『言霊と他界』講談社、二〇〇二年。
菅野覚明『本居宣長』ぺりかん社、一九九一年。
菅野覚明『神道の逆襲』講談社、二〇〇一年。
菅野覚明『詩と国家「かたち」としての言葉論』勁草書房、二〇〇五年。
金田一京助『日本語の変遷』講談社、一九七六年。
久保田展弘『日本多神教の風土』ＰＨＰ研究所、一九九七年。

神野志隆光『古事記と日本書紀』講談社、一九九九年。
小林秀雄『本居宣長（上）』新潮社、一九九二年。
小林秀雄『本居宣長（下）』新潮社、一九九二年。
子安宣邦『「事件」としての徂徠学』青土社、一九九〇年。
子安宣邦『本居宣長』岩波書店、一九九二年。
子安宣邦『「宣長問題」とは何か』筑摩書房、二〇〇〇年。
子安宣邦『本居宣長とは誰か』平凡社、二〇〇五年。
子安宣邦『江戸思想史講義』岩波書店、二〇一〇年。
三枝康高『賀茂真淵』吉川弘文館、一九六二年。
西郷信綱『増補　詩の発生［新装版］』一九六〇年。
西郷信綱『国学の批判』未來社、一九六五年。
相良亨『近世の儒教思想』塙書房、一九六六年。
相良亨『本居宣長』東京大学出版会、一九七八年。
相良亨『本居宣長』講談社、二〇一一年。
佐佐木信綱『日本歌學史』博文館、一九一〇年。
佐藤弘夫『神国日本』筑摩書房、二〇〇六年。
佐藤弘夫編集委員代表『概説　日本思想史』ミネルヴァ書房、二〇〇五年。
島田虔次『朱子学と陽明学』岩波書店、一九六七年。
城福勇『本居宣長』吉川弘文館、一九八〇年。
白石良夫全訳注『本居宣長「うひ山ぶみ」』講談社、二〇〇九年。

菅野雅雄『古事記構想の研究』桜楓社、一九九三年。

高野敏夫『本居宣長』河出書房新社、一九八八年。

武部善人『太宰春台』吉川弘文館、一九九七年。

田尻祐一郎『江戸の思想史』中央公論新社、二〇一一年。

田尻祐一郎・疋田啓佑『太宰春台・服部南敦』明徳出版社、一九九五年。

田中康二『本居宣長の思考法』ぺりかん社、二〇〇五年。

田原嗣郎『平田篤胤』吉川弘文館、一九六三年。

豊田国夫『日本人の言霊思想』講談社、一九八〇年。

豊田国夫『言霊信仰　その源流と史的展開』八幡書店、一九八五年。

直木孝次郎『日本神話と古代国家』講談社、一九九〇年。

永田広志『日本封建制イデオロギー　永田広志日本思想史研究第二巻』法政大学出版局、一九六八年。

野崎守英『本居宣長の世界』塙書房、一九七二年。

芳賀登『国学の人びと』評論社、一九七五年。

芳賀登『近世国学の大成者　本居宣長』清水書院、一九八四年。

長谷川宏『ことばへの道　言語意識の存在論』講談社、二〇一二年。

原雅子『賀茂真淵攷』和泉書院、二〇一一年。

東より子『宣長神学の構造　仮構された「神代」』ぺりかん社、一九九九年。

福永光司『老子』朝日新聞社、一九九七年。

古川哲史『近世日本思想の研究』小山書店、一九四八年。

古田東朔『近現代　日本語生成史コレクション　第二巻　国語意識の発生―国語史二』くろしお出版、二〇一一年。

古田東朔『近現代　日本語生成史コレクション　第三巻　日本語へのまなざし　内と外から―国語学史一』くろしお出版、二〇一〇年。

前田勉『近世神道と国学』ぺりかん社、二〇〇二年。

前田勉『兵学と朱子学・蘭学・国学　近世日本思想史の構図』平凡社、二〇〇六年。

松浦光修『大国隆正の研究』大明堂、二〇〇一年。

松村武雄『日本神話の研究　第一巻―序説篇―』培風館、一九五四年。

松村武雄『日本神話の研究　第二巻―個分的研究篇（上）―』培風館、一九五五年。

松村武雄『日本神話の研究　第三巻―個分的研究篇（下）―』培風館、一九五五年。

松村武雄『日本神話の研究　第四巻―綜合研究篇―』培風館、一九五八年。

松本三之介『国学政治思想の研究』未來社、一九七二年。

松本三之介『近代日本の中国認識　徳川期儒学から東亜協同体論まで』以文社、二〇一一年。

松本久史『荷田春満の国学と神道史』弘文堂、二〇〇五年。

丸山眞男『日本政治思想史研究』東京大学出版会、一九五二年。

丸山眞男『日本の思想』岩波書店、一九六一年。

丸山眞男『忠誠と反逆』筑摩書房、一九九八年。

水林彪『記紀神話と王権の祭り』岩波書店、一九九一年。

三宅和朗『記紀神話の成立』吉川弘文館、一九八四年。

村岡典嗣『本居宣長』岩波書店、一九二八年。

森朝男『古代和歌の成立』勉誠社、一九九三年。

森三樹三郎『荘子Ⅰ』中央公論新社、二〇〇一年。

森三樹三郎『荘子Ⅱ』中央公論新社、二〇〇一年。

保田與重郎『萬葉集の精神―その成立と大伴家持』新学社、二〇〇二年。

渡辺清恵『不可解な思想家　本居宣長―その思想構造と「真心」―』岩田書院、二〇一一年。

渡辺浩『日本政治思想史―一七～一九世紀』東京大学出版会、二〇一〇年。

研究論文

安藤礼二「産霊論序説」『現代思想　五月臨時増刊号』第三九巻第六号、青土社、二〇一一年。

一海知義「日本語の中の漢字文化」『環【歴史・環境・文明】』第四号所収、藤原書店、二〇〇一年。

伊藤益「国語意識の成立」『倫理学』第五号、筑波大学倫理学研究会、一九八七年。

斎藤英喜「異貌の古事記　近世神話としての『古事記伝』」『現代思想　五月臨時増刊号』第三九巻第六号所収、青土社、二〇一一年。

田山令史「『漢字三音考』―本居宣長の言語観一―」『仏教学部論集』第九七号、佛教大学仏教学部、二〇一三年。

常吉由樹子「『沙石集』の和歌論―和歌陀羅尼論の意義と本質」『活水論文集　現代日本文化学科編』第四九号、活水女子大学、二〇〇六年。

能澤壽彦「言霊の古層　言語神と祭式言語をめぐって」『環【歴史・環境・文明】』第四号所収、藤原書店、二〇〇一年。

樋口達郎「自国語意識と自国意識―本居宣長初期歌論を中心に―」『倫理学』第二八号、筑波大学倫理学研究会、二〇一二年。

樋口達郎「思想的主体としての自国―儒学から国学へ―」『哲学・思想論叢』第三二号、筑波大学哲学・思想学会、二〇一四年。

樋口達郎「手段としての論争―国学定立の形式とその問題点―」『倫理学』第三〇号、筑波大学倫理学研究会、二〇一四年。

松井真希子「太宰春台『老子特解』について」『東アジア文化交渉研究』第四号、関西大学文化交渉学教育研究拠点、二〇一一年。

古典資料

青木和夫・石母田正・小林芳規・佐々木有清校注『日本思想大系　一　古事記』岩波書店、一九八二年。

伊藤博『萬葉集釋注　原文篇』集英社、二〇〇〇年。

井上哲次郎・蟹江義丸編纂『日本倫理彙編』全十巻、育成會、一九五九〜一九六一年。

今井宇三郎・瀬谷義彦・尾藤正英校注『日本思想大系　五三　水戸学』岩波書店、一九七三年。

岩佐正校注『神皇正統記』岩波書店、一九七五年。

植谷元・水田紀久・日野龍夫校注『新日本古典文学大系　九九　仁斎日札　たはれ草　不尽言　無可有郷』岩波書店、二〇〇〇年。

大隅和雄校注『日本思想大系　一九　中世神道論』岩波書店、一九七七年。

倉野憲司『古事記』岩波書店、一九六三年。

佐伯有義『増補　六國史　日本書紀（巻上・巻下）』名著普及会、一九四〇年。

佐伯梅友校注『古今和歌集』岩波書店、一九八一年。

坂本太郎・家永三郎・井上光貞・大野晋校注『日本書紀（一）』岩波書店、一九九四年。

坂本太郎・家永三郎・井上光貞・大野晋校注『日本書紀（二）』岩波書店、一九九四年。

坂本太郎・家永三郎・井上光貞・大野晋校注『日本書紀（三）』岩波書店、一九九四年。

坂本太郎・家永三郎・井上光貞・大野晋校注『日本書紀（四）』岩波書店、一九九五年。

坂本太郎・家永三郎・井上光貞・大野晋校注『日本書紀（五）』岩波書店、一九九五年。

平重道・阿部秋生校注『日本思想大系　三九　近世神道論　前期国学』岩波書店、一九七二年。

田原嗣郎・関晃・佐伯有清・芳賀登校注『日本思想大系　五〇　平田篤胤　伴信友　大国隆正』岩波書店、一九七三年。

中村幸彦・岡田武彦校注『日本思想大系　四七　近世後期儒家集』岩波書店、一九七二年。

西順蔵・阿部隆一・丸山眞男校注『日本思想大系　三一　山崎闇斎学派』岩波書店、一九八〇年。

芳賀登・松本三之介校注『日本思想大系　五一　国学運動の思想』岩波書店、一九七一年。

橋本不美男・有吉保・藤平春男校注・訳『新編日本古典文学全集　八七　歌論集』小学館、二〇〇二年。

蜂屋邦夫訳注『老子』岩波書店、二〇〇八年。

吉川幸次郎・丸山眞男・西田太一郎・辻達也校注『日本思想大系　三六　荻生徂徠』岩波書店、一九七三年。

吉川幸次郎・佐竹昭広・日野龍夫校注『日本思想大系　四〇　本居宣長』岩波書店、一九七八年。

吉田常吉・佐藤誠三郎校注『日本思想大系　五六　幕末政治論集』岩波書店、一九七六年。

頼惟勤校注『日本思想大系　三七　徂徠学派』岩波書店、一九七二年。

辞書・辞典

尾崎雄二郎・都留春雄・西岡弘・山田勝美・山田俊雄編『角川　大字源』角川書店、一九九二年。

澤瀉久孝代表編者『時代別 国語大辞典　上代編』三省堂、一九六七年。

中田祝夫・和田利政・北原保雄編『古語大辞典　コンパクト版』小学館、一九八三年。

松岡静雄『新編日本古語辞典』刀江書院、一九三七年。

あとがき

本書は、二〇一四年度の学位請求論文として筑波大学へ提出した『国学に於ける自国意識の研究—自国語意識との関連で—』を下地として成ったものである。したがって、本書の出版に際しては、何を措いてもまず、学位論文の主査である恩師の伊藤益先生に対し、衷心より感謝の念を表明せねばならない。先生は、時に厳しく、また時には暖かく、一貫して懇切なご指導を下さった。公私にわたる先生の不断のご薫陶なしには同論文の提出は有り得ず、延いてはそれを基柢とする本書が成ることもなかった。そもそも、思想というものに対する著者の関心それ自体が、筑波大学の学群生時代に先生の講義を受講したことにはじまり、爾来先生の講義やご著書などに触れることによって涵養せられたものである。いうなれば、先生の存在は筆者にとって、学問の奥深さや魅力を知り、思想研究の途へと足を踏み入れる決意をした契機そのものであった。実に、先生から賜った学恩は、言葉では言い表せないほど多大なものである。

論文の副査をお引き受け下さった、桑原直己先生、五十嵐沙千子先生、井川義次先生にも、厚く感謝申し上げたい。桑原先生には、研究対象への偏りのない視座を保つことの大切さを教えて頂いた。現段階で先生の教えをどの程度実践できているかはわからないが、頂戴したご助言を胸に刻み、折々に反芻させて頂きたいと思う。五十嵐先生は、ともすれば視野狭窄に陥りがちな私の蒙を啓き、既成概念に囚われぬものの見方、考え方を示して下さった。また、論文の出来映えに不安を覚えていた折に優しく励まして下さったこと、忘れがたい。井川先生からは、論文全体については言うに及ばず、とりわけ中国思想に関して、細やかなご指導を頂戴した。本書第三章にあたる部分を何とか形にすることができたのは、先生のご助言のおかげである。

また、大学院入学以来様々な形でお世話になった専攻の先生方や、学会・研究会でご指導頂いた先生方、研究室の学友の皆様方にも、この場を借りて御礼申し上げる次第である。こうした方々に囲まれて大学院に於ける研究生活を過ごせたことは、またとない僥倖であった。

本書の刊行にあたっては、文中の表現等について若干の修正を行うのみにとどめ、基本的には学位論文提出時の状態から手を加えないことにした。無論本書の内容、すなわち学位論文に於いて為した考究について、それがいかに不十分なものであるかということを自覚せぬわけではない。だが、それでもなお敢えてこのような形での公刊を決意したのは、本論考の至らぬ点について、斯界の先達の御批判を仰ぐとともに、ようやく学究の徒としての始点に立った自身に対し、本書を以て今後の道行の一里塚と為すという企図あってのことである。その拙さは、あるいは後年これを手に取って見返した際に、著者本人をして赤面を禁じ得ぬものであるかもしれない。しかしながら、それは同時に、その時々の自戒ともなり、また新たな思索の途へと歩みを進めるにあたっての動力ともなろう。

出版事情の必ずしも好ましからざる現今にあって、拙著の出版を快くお引き受け下さった北樹出版社長の木村哲也氏、校正等に関して一方ならぬご協力をいただいた同社編集部の古屋幾子氏に、心より御礼申し上げたい。多くの方々のご助力によって成った本書が、たとえ僅かながらでも、これに目を通して下さる方のお役に立つということがあったならば、それは著者にとり望外の喜びである。最後に、私を生み育て、常に理解者であり続けてくれた両親には、本書を以て感謝の意としたい。

二〇一五年四月

つくばにて　樋口達郎

索　引

ア　行

カ　行

サ 行

タ　行

ヤ　行

ラ　行

ワ　行

〈著者略歴〉
樋口　達郎（ひぐち　たつろう）
1984年10月6日生まれ
2008年　筑波大学第一学群人文学類（哲学主専攻）卒業
2015年　筑波大学大学院人文社会科学研究科　哲学・思想専攻（倫理学分野）修了
博士（文学）の学位取得
現　在　筑波大学非常勤講師・茨城キリスト教大学兼任講師

主要論文
「思想的主体としての自国―儒学から国学へ―」（『哲学・思想論叢』第32号）
「手段としての論争―国学定立の形式とその問題点―」（『倫理学』第30号）
「継承と超克―賀茂真淵の老子受容を巡って―」（『求真』第20号）
など

国学の「日本」――その自国意識と自国語意識

2015年7月10日　初版第1刷発行

著　者　樋口達郎
発行者　木村哲也

・定価はカバーに表示

印刷　新灯印刷／製本　新里製本

発行所　株式会社　北樹出版
http://www.hokuju.jp
〒153-0061　東京都目黒区中目黒1-2-6
TEL：03-3715-1525（代表）　FAX：03-5720-1488

ISBN　978-4-7793-0464-4